MISSÃO PORTUGAL 2007 – UMA CASA EFÉMERA
MISSÃO PORTUGAL 2007 – AN EPHEMERAL HOME

INSTALAÇÕES PERMANENTES PARA A PRESIDÊNCIA PORTUGUESA DA UNIÃO EUROPEIA NO PAVILHÃO ATLÂNTICO, EM LISBOA

PERMANENT INSTALLATIONS FOR THE PORTUGUESE PRESIDENCY OF THE EUROPEAN UNION IN THE PAVILHÃO ATLÂNTICO, LISBON

editado por | edited by
Carsten Land

textos de | texts by:
Carsten Land | Jaime Leitão | Manuel Graça Dias
Axel Sowa | Pedro Ravara

fotografias de | photographs by:
Fernando Guerra – FG + SG

CAPA Edition

A publicação deste livro foi possível graças ao amável apoio de:
This publication was made possible by the friendly support of:

interescritório www.interescritorio.pt
Investwood valbopan
GRUPO Sumol
TEIXEIRA DUARTE ENGENHARIA E CONSTRUÇÕES, S.A.

ISBN 978-3-00-024561-9

Bibliographic information by the Deutsche Nationalbibliothek
The Deutsche Nationalbibliothek lists this publication in the Deutsche Nationalbibliografie; detailed bibliographic data are available in the Internet at http://dnb.d-nb.de.

Revisão de texto | Proof reading: Cristina Silveira de Carvalho
Projecto gráfico e paginação | Layout and type setting: [synthese], Aachen
Printed and bound in China

PREFÁCIO
PREFACE

Carsten Land

Lisboa, Verão de 2007, poucos dias antes do início da Presidência Portuguesa da União Europeia... Durante semanas, eu tinha acompanhado a intensa actividade dos arquitectos do *Baixa, Atelier de Arquitectura*. Em tempo recorde, de forma pragmática e organizada, mas acima de tudo com grande empenho e entusiasmo, a equipa tinha idealizado, planeado e construído aquela que deveria servir, durante os seis meses seguintes, de plataforma da política europeia, em parte até da política mundial.

Um centro com salas, gabinetes e salas de imprensa para as mais de cem reuniões, encontros e cimeiras previstos pelo programa da Presidência Portuguesa estava concluído. Aqui iria ser decidido o "Tratado de Lisboa", o tratado de base da União Europeia. Neste local a UE iria receber os chefes de Estado de África e do Brasil.

Agora eu tinha, inesperadamente, a oportunidade de observar a obra

Lisbon, summer 2007, a few days before Portugal took over the Presidency of the European Union... For weeks I had felt a buzz of activity in the office of *Baixa*. In record time, the team had conceived, planned and implemented a project in a pragmatic and skilful way, but most of all with great commitment and enthusiasm – a project that would serve as a platform for European and, to some extent, even global politics over the course of the next 6 months.

A centre with halls, workplaces and pressrooms for more than 100 conferences, meetings and summits that would take place as part of the Presidencia Portuguesa, had been completed. This was the place where the "Treaty of Lisbon", amending the existing treaties of the European Union, was to be adopted, and where the EU was to welcome the heads of state from Africa and Brazil.

Now, I was unexpectedly given the opportunity to view the building in

Delegados
Área de *coffee break*

Delegates
Coffee break area

in situ. Acompanhado pelos arquitectos, passeei por alguns momentos pelas "salas do poder" pensadas por eles, as quais viriam a ser ocupadas pela "máquina política" já nos dias seguintes. Um mundo próprio, marcado pela arquitectura contemporânea, nobre e cheio de fantasia, adequado e despretensioso, tinha surgido aqui, por trás das paredes do Pavilhão Atlântico. Em conjunto com a impressionante paisagem do estuário do Tejo, devia influenciar os seus "habitantes" e ser não só uma imagem de Portugal enquanto parceiro europeu, mas também um símbolo para um momento importante na história da Europa.

Deve entender-se a decisão para a construção desta obra como uma consciente acção política e cultural. Por um lado, houve a intenção de dar a conhecer a cultura portuguesa, razão pela qual, apropriadamente, se confiou na criatividade e eficiência dos arquitectos, designers e produtores nacionais. Devia ser mostrada a imagem de um Portugal moderno e orientado para o futuro. Curiosamente, ao longo da realização deste livro ficou claro que dentro do país existem concepções muito diferentes desta imagem, como o revelam os textos de Jaime Leitão e de Manuel Graça Dias.

Para além disso, existia a vontade de criar um símbolo visível para o trabalho da Presidência (Portuguesa) da UE. No entanto, apostar nos meios arquitectónicos não é, de forma alguma, uma atitude típica da União Europeia, cujos edifícios costumam ser facilmente

situ. Accompanied by the architects, I spent a few moments lingering in the "high halls" they had designed, and which a few days later would be occupied by the "political machinery". A separate world had been created here, defined by contemporary architecture, imaginative and elegant, adequate and unpretentious, behind the walls of the Atlântico multi-purpose hall. Enhanced by the impressive landscape of the Tagus Estuary, it was designed to appeal to its "occupants", whilst representing Portugal as the European partner and symbolising a seminal moment in the history of Europe.

The decision to create this building must be regarded as a conscious political and cultural act. On the one hand, it was designed to convey Portuguese culture, having enlisted – and rightly so – the creativity and efficiency of national architects, designers and manufacturers. It was intended to project the image of a modern and future-oriented Portugal. Interestingly, it emerged during the writing of this book that people within the country had rather different understandings of this image, as is revealed in the texts by Jaime Leitão and Manuel Graça Dias.

On the other hand, there was a will to create a visible symbol of the work of the (Portuguese) EU Presidency. The deployment of architectural means is not something that is typical of the European Union, whose buildings often resemble faceless administrative

confundíveis com uma qualquer construção administrativa incaracterística. Aqui foi dada uma cara à instituição Europa, através de uma arquitectura de Estado, necessária para a identificação dos cidadãos com a sua casa, e que a eleva acima do estatuto de uma mera entidade empresarial.

Gratificante é o facto de ser uma cara contemporânea, corajosa e culta. As Instalações Permanentes são uma obra fora do comum, uma obra conseguida e uma obra efémera...

... assim surgiu a ideia de a perpetuar em livro.

offices. Here, however, the institution of Europe was given a face. A state architecture, which enables citizens to identify with their country, and which stands out from the arbitrariness of a commercial enterprise.

Fortunately, its face is contemporary, brave and cultured. The Instalações Permanentes are an unusual piece of architecture, well conceived and ephemeral...

... and so the idea was born to eternalise it in a book.

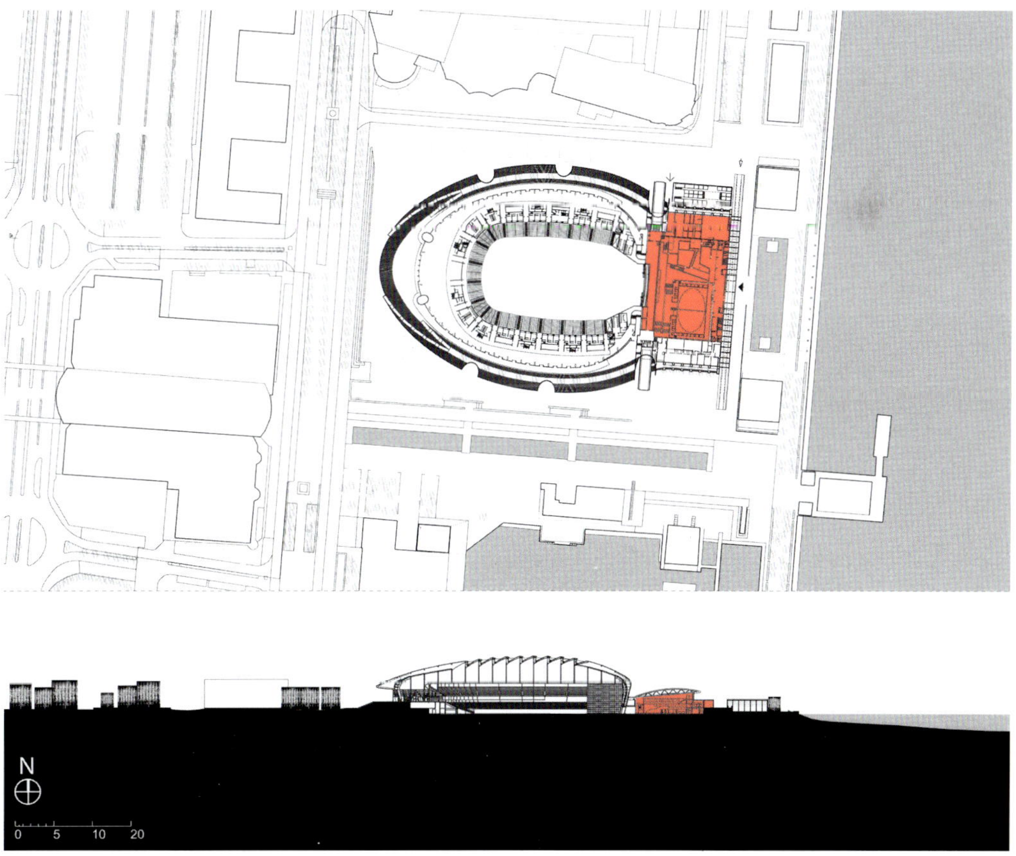

Implantação

Site plan

PORTUGAL 2007
Malta
Österreich
Polska
Portugal
România
Slovenija
Slovensko
Suomi/Finland
Sverige

Fachada principal
Como se apresentou durante os seis meses da Presidência Portuguesa. No topo da página, o Pavilhão Atlântico na sua imagem actual.

Main façade
As it looked during the six-month Portuguese Presidency. At the top of the page, the Pavilhão Atlântico as it is today.

MODERNIDADE VIRADA AO RIO
RIVERSIDE MODERN

Jaime Leitão

Uma Presidência rotativa da União Europeia quer sempre deixar uma marca – na agenda política, certamente, mas também na maneira de receber.

Previa-se em 2006 que no segundo semestre do ano seguinte Portugal organizaria mais de uma centena de reuniões com a participação de todos os vinte e sete Estados da UE aos quais, muitas vezes, se juntariam outras nações das mais variadas partes do globo com quem a União tem relações institucionalizadas.

Havia pois que tomar uma decisão quanto aos locais onde poderiam ter lugar essas reuniões. Se era verdade que se pretendia mostrar o País no que ele tem de melhor a todos os que vinham participar nas reuniões; se era igualmente um objectivo prosseguido, agora mais activamente do que nunca, o de aproximar as populações do projecto europeu, pesava no outro prato da balança a necessidade absoluta de conter os custos do exercício da

Every rotational Presidency of the European Union wishes to leave its mark – on the political front, evidently, but also as far as hospitality is concerned.

In 2006 it was foreseen that in the second half of the following year Portugal would be hosting more than a hundred meetings in which all the twenty-seven nations of the EU would take part, often joined by other nations with which the Union enjoys official relations, from every corner of the globe.

It was, therefore, a priority to select the venues for the meetings. If, on the one hand, there was a desire to show the best of the country to those who had come to take part, it was also a major objective, now, more than ever, to bring the people closer to the European project, whilst, on the other hand, it was absolutely essential to limit the cost of the Presidency, which any widespread dispersion of events would necessarily undermine.

Atrio de distribuição

Escadas e rampas

Entrance hall

Stairways and ramps

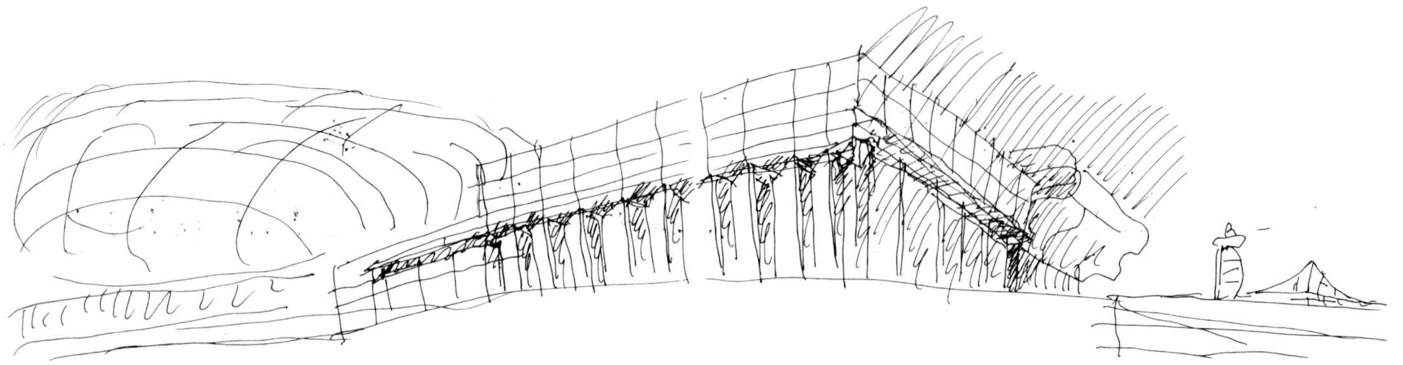

12 Presidência que uma exagerada dispersão geográfica na organização dos eventos faria necessariamente disparar.

Assim, optou-se por eleger apenas uma dúzia de reuniões de carácter eminentemente político a organizar em pontos "estratégicos" de Portugal, concentrando a maior parte dos eventos num centro permanente de reuniões que funcionaria diariamente como "quartel general" da Presidência. A capital, onde funcionam os departamentos do Governo, foi a escolha evidente. Restava agora eleger o local. Que critérios? Primeiro, um espaço que pudesse responder às exigências técnicas. Um Conselho que reúne pelo menos setenta pessoas à volta da mesa, mais uma fila de cadeiras atrás e vinte e duas cabines de interpretação precisa de seiscentos metros quadrados! Era preciso fabricar uma sala de encomenda... Depois, escolher um lugar, direi, "emblemático". Os nossos convidados tinham de ficar com uma impressão forte gravada por muito tempo. Nunca tive dúvidas de que

The decision was taken, therefore, to hold only a dozen meetings of an eminently political nature at "strategically situated" places in Portugal, and to concentrate most of the events in a single permanent meeting centre which would act as the headquarters of the Presidency. The capital, where the Government departments are situated, was the obvious choice. It only remained to select the venue itself. What criteria should be chosen? Firstly, it would have to be a place which would satisfy the technical requirements. A Council meeting which brings together at least seventy delegates around a table, with another row of chairs behind them and twenty-two booths for interpreters, needs to be at least six hundred square metres in area! It would be necessary to build a custom-designed hall... And to choose a place which needed to be, let us say, "emblematic". Our guests needed to retain a powerful impression engraved upon their minds for as long as possible. I never doubted for a moment that Lisbon held an

Restaurante

Uma das primeiras aproximações ao trabalho. Vêem-se as duas importantes componentes do lugar, o Pavilhão Atlântico e a paisagem ribeirinha com a Ponte Vasco da Gama.

Restaurant

One of the first studies for the work showing the two important features of the site, the Pavilhão Atlântico and its riverside setting with the Vasco da Gama Bridge.

Lisboa tem um trunfo imbatível – a luz. E um tema paisagístico incontornável – o Tejo. Era essencial virar as mentes ao rio.

O resto quase surgiu naturalmente. As orientações políticas eram claras – a nossa Presidência elegia como prioridade a inovação, a tecnologia. Imagem de modernidade num País antigo de séculos. O ambiente que se respira naquela parte da cidade, o Parque das Nações, respondia na perfeição! A "Expo" – como o sítio é mais conhecido entre nós – foi também um sinal dado aos cidadãos. Para além de moderna, é limpa, arejada, virada para a luz que se espelha e espalha no rio alargado. É a cidade lúdica e sonhadora que se libertou do espartilho gerado pelo peso dos anos e da História de uma cidade antiga onde as ruas parecem apertadas, o ar denso e pesado. Na Expo respira-se à vontade. Por isso as ideias fluiriam mais facilmente e as mentes ficariam mais receptivas ao que de inovador tem o projecto europeu.

De fronte para o rio, de onde o sol se levanta todas as manhãs, apenas separado da água por um caminho de árvores e uma esplanada que se estendem num plano inferior, está a fachada da sala Tejo do Pavilhão Atlântico com as portas de entrada a abrirem-se para um arruamento sem trânsito de automóveis. O lugar parecia o ideal. Porém, dentro, era quase só o vazio! Tinha volume, mas faltava área. A decisão era arriscada – projectar em altura o que

unbeatable trump card – the light, whilst also enjoying an extraordinary scenic asset, the Tagus. It was imperative to focus the mind on the river.

The rest came naturally. The political aims were clear – our Presidency had elected innovation and technology as its priorities. An image of the modern set in a centuries-old country. The atmosphere of that part of the city, the Parque das Nações, was perfect for the purpose! "Expo" – as the site is better known here, was also a message to the population. In addition to being modern, it is clean, airy and bathes in the light that is reflected and scattered by the broad river. It is a joyful and forward-looking part of the city which has freed itself from the historic restraints of an ancient town where the streets seem narrow, and the atmosphere heavy and dense. At Expo everything is refreshing. Ideas would flow more easily and minds would be more receptive towards what is innovative in the European project.

Overlooking the river, where every morning the sun rises, with only a tree-lined path and an esplanade on a lower level between itself and the water, rises the facade of the Tagus Room of the Pavilhão Atlantico, with its doors opening out onto a traffic free street. The place seemed ideal. But inside it was just an empty void! It had the necessary volume, but the area was not sufficient. The decision was risky, to use the elevation of the building to house what would not fit

Sala de conferência de imprensa principal

Main Briefing Room

não cabia em extensão. Faltava um golpe de génio.

"Surpreende-me!" – é o que esperam os namorados um do outro. É também o que a alma do comum dos mortais pede, afinal, ao artista. Foi isso que esperei da *Baixa Atelier* quando lhes fiz a descrição de tudo o que tinha de nascer naquele espaço vazio. Perseguiu-me mesmo ao princípio – até ver os primeiros projectos – um sentimento de culpa por estar a pedir o improvável. Parecia-me, como se diz em Lisboa, que era pôr o Rossio – uma grande praça – na Betesga – uma pequena rua que lhe dá acesso! Porém o poeta é que tinha razão: "Deus quer, o homem sonha, a obra nasce".

O que pretendíamos que os arquitectos idealizassem era um espaço funcional onde convivessem – mas sem promiscuidade – três áreas distintas: a da negociação, a do trabalho dos bastidores e a da divulgação dos resultados. Duas condições, exigências mesmo, tornavam o desafio mais difícil: a obra

at ground level. A stroke of genius was needed.

»Surprise me!« is what sweethearts expect each other to do, and it is what the ordinary person asks from an artist. And this what I expected from *Baixa Atelier* when I described everything that had to be created in that empty space. I was plagued by a feeling of guilt at the beginning, or rather until I saw the first designs, because I was asking for the improbable. It seemed, as they say in Lisbon, that I was asking them to fit Rossio, a big square, inside Rua da Betesga – a narrow street which provides access to it. But the poet was right "God wills, man dreams, the work is born".

What we wanted the architects to design was a functional space, shared, but without promiscuity, by three distinct areas: for negotiation, behind-the-scenes work and the public announcement of results. Two conditions, or rather exigencies, were

teria de se encaixar num orçamento apertado, sem no entanto se optar alguma vez por soluções de "feira". Seria um centro de reuniões para durar apenas seis meses, porém a vida inteira de uma Presidência e, por isso mesmo, se viria a chamar "Instalações Permanentes".

Primeiro a "red zone" – área com um grau máximo de "confidencialidade" (que o "secretismo" não fica bem na era da transparência): duas salas de reuniões onde iriam estar sentados à mesa os grandes deste mundo. Depois a área de escritórios, "blue zone" com postos de trabalho equipados para os membros das 30, às vezes 40 delegações. E, por último, a "yellow zone", um espaço para os "media" – igualmente com postos de trabalho equipados, tanto para a imprensa escrita como para rádios e televisões.

O que a *Baixa Atelier* idealizou e projectou foi aquilo que as imagens deste livro mostram: rigor, arrojo e bom gosto. O que não foi possível reproduzir nestas páginas foi a sensação de bem-estar que tomava conta das pessoas dentro daquele espaço.

to make the job more difficult; the work had to correspond to a tight budget whilst excluding the type of solutions acceptable for "an international fair". It would be a meeting centre to last not just for six months, but for the whole life of a Presidency, and consequently they would come to be known as "Permanent Installations".

Firstly there would be a "red zone" – an area with the maximum level of confidentiality ("secrecy" does not seem appropriate in an era of transparency); two meeting rooms where the great and the good would be seated. Then the office area, the so-called "blue zone" with workspaces fully-equipped for the members of 30 and sometimes 40 delegations. And then finally the "yellow zone" a space for the media – again with fully-equipped workspaces, both for the printed press and for radio and television.

The essence of what *Baixa Atelier* created and designed is clearly shown in these pages: it is demanding, daring and tasteful. What it is not possible to convey here is the feeling of well-being which invaded those who used the building.

Entrada

Esquisso da versão construida

Entrance

Sketch of the built version

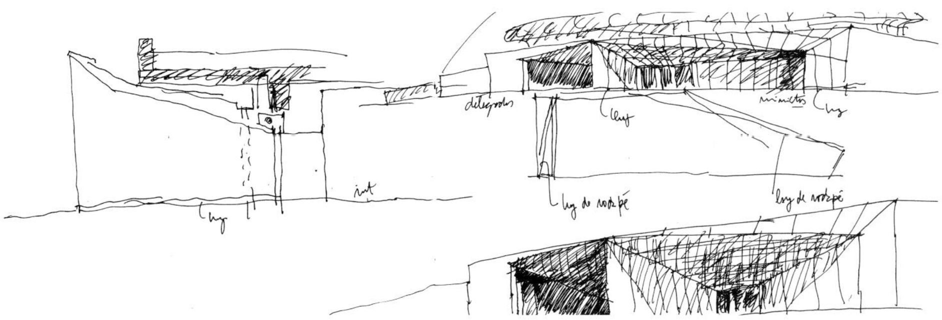

PORTUGAL

CENÁRIOS POLÍTICOS
POLITICAL SCENARIOS

Manuel Graça Dias

Entrada
Quando não há conferências, a vida quotidiana do Parque das Nações chega à entrada da Presidência e ao pódio da fotografia oficial.

Entrance
When there were no conferences, the daily life of the Parque das Nações extended as far as the entrance of the Presidency and up to the official photograph podium.

O sítio escolhido para a sede da Presidência Portuguesa poderia ter sido mais intencional.

O mito do "Portugal Moderno", que tanto entusiasma os nossos políticos, consubstancia-se, quando chega a hora da escolha de um lugar, no inevitável ex-recinto da Expo, nem que seja numas traseiras, nas costas de um recinto desportivo.

À volta de uns restos do Pavilhão Atlântico (Sala Tejo), para lá da carapaça que habitualmente se lhe associa, com acesso por uma rua de serviço estreita e pouco definida, com área insuficiente para as necessidades programáticas, foi, então, uma base confusa, com uma qualquer racionalidade estrutural (neste caso) a despropósito, o ponto de partida escolhido para as instalações da Presidência da União Europeia, durante o segundo semestre de 2007.

As actividades que decorreram nestas instalações consistiram sobretudo em

The site chosen for the headquarters of the Portuguese Presidency could have been more intentional.

When the time comes to choose a site, the myth of "Modern Portugal", which so enthuses our politicians, inevitably seems to boil down to the former site of Expo, even when this means somewhere round the back of a sports building.

Situated on the far side of the shell-like structure that is usually associated with it, with access through a narrow and poorly defined side street, an area inadequate for the specified requirements and lacking any structural justification, the remains of the Pavilhão Atlântico (Tagus Room) were nevertheless chosen as the unlikely point of departure for the installations of the Portuguese presidency of the European Union, which was to take place in the second half of 2007.

The principal activities hosted in these installations were meetings, debates,

reuniões, debates, *coffee-breaks*, sessões com a imprensa, algumas refeições mais longas; tudo isto, sempre e constantemente muito traduzido em simultâneo.

As chegadas, quando dos encontros mais mediáticos com comitivas ministeriais, eram registadas pela televisão e, de um modo geral, não resultaram mal (as imagens podem "mentir" muito).

O trabalho dos arquitectos foi notável; em tempo recorde tentaram dar sentido às várias contradições, sendo a primeira a da escolha do sítio. Será que os políticos e os dirigentes (mundiais e europeus), "olham" para o lado quando viajam nas cidades? Vêem alguma coisa pelas janelas fumadas, à velocidade dos batedores? Eu gostaria mais de andar devagar a observar as cidades, mas não sou político.

coffee-breaks, press conferences and some of the longer lunches, all accompanied by constant, unrelenting simultaneous translation.

Whenever there were more newsworthy meetings at ministerial level, the arrival of personalities was shown on television, and, generally speaking, they appeared to be quite successful (tv coverage can be very misleading, however).

The architects' work was outstanding; they managed, in record time, to exploit the various contradictions, the first being the choice of the site itself. I wonder if the politicians and leaders (both European and Worldwide) look around them when they travel through our cities? Do they see anything through those tinted windows as they speed behind their motorcycle

Fachada Principal

A "fotografia de familia" com o exterior das instalações como cenário

Main Facade

The group photograph with the exterior of the installations as its backdrop

Entrada

Chegada dos participantes numa reunião

Entrance

Arrival of delegates at a meeting

Geralmente haverá pouco tempo, entre cada encontro, pouco tempo "livre", pouco tempo fora das paredes das salas de reunião ou de banquete, dos átrios dos hotéis para as salas de imprensa, dos quartos para os aeroportos. Será que poderiam aproveitar, ávidos, de olhos bem abertos de sincero espanto, o que de novo lhes fosse dado ver?

Duvido. Conversam enfastiados, exigem (ou o protocolo por eles, espécie de extensão para lhes poupar o "embaraço" da comunicação), a velocidade ruidosa que as motas abrem à volta contra os sinais. O que vêem? Do lado direito, filas de carros parados, à esquerda alguns peões curiosos; lá dentro, conversam dois a dois, enquanto o motorista acelera. Não devem ver nada, não devem pedir para ver nada. É tudo igual à televisão. E aliás, o que for diferente, eles ali estão, diariamente, a esforçar-se por tornar igual. Os jornalistas talvez conheçam mais ou melhor a cidade. Jogam com as folgas quando não

escorts? I, myself, would prefer to walk slowly around and observe the cities, but I am no politician.

There is generally little time between meetings, little "free" time, that is, little time outside the walls of the meeting or banqueting rooms, the hotel foyers and the press rooms, or on the way from the hotel rooms to the airport. Would they be able to take advantage of the opportunity to observe, in sincere astonishment, in sincere wide-eyed astonishment, all of the new, which was there to be seen?

I doubt it. They converse wearily, requesting haste (or rather the protocol service does it on their behalf, a kind of extension of themselves designed to spare them the embarassment of communication), as their noisy motorcycle escort clears the way through the traffic lights. What do they see? On the right, lines of cars, on the left, a few curious pedestrians; inside they talk in pairs while the driver accelerates. They

passam as horas à volta de uma declaração bombástica. Fazem o quê? Vêem o quê? Podem apanhar um táxi, à noite, e pedir com ânsia mal resguardada: "centro, centro!"

Há ainda os familiares dos políticos. A esses parece que interessam outros centros (mais) comerciais, o desejoso consumo igual das cidades iguais e a "segurança", apesar dos seguranças que requisitam.

O que poderão ver ou visitar os familiares dos políticos à solta no "Parque das Nações"? Um centro comercial seguro, porque as ruas estão vazias de comércio e apenas aos sábados e domingos se enchem de carrinhos de bebé ou bicicletas.

Visitei, com Pedro Ravara, Nuno Vidigal e João Paulo Martins, as instalações por eles desenhadas, dois dias antes do início da presidência portuguesa. Fiquei com uma ideia agradavelmente labiríntica. Os arquitectos aproveitaram o pretexto dos anexos do Pavilhão Atlântico para lhes encontrar qualidades, complexidade, tensão. Havia rampas a diversos níveis, corredores que iam estreitando conforme se afastavam dos átrios, cores escuras (amarelos, encarnados, azuis) que reunidas comporiam um código.

Foi a construção rápida de uma espécie de cenário para uma representação política. Havia buracos, pretextos para olhar para outros espaços que passavam ao lado. A sala da imprensa, por exemplo, tão grande e de móveis

probably see nothing, they probably do not ask to see a thing. It is all the same as on the television. And whatever is different, they strive every day to make the undistinguishable. The journalists know more of the city or know it better, perhaps. They take every advantage of their time off, when they are not spending hours writing around some bombastic declaration. What do they do? What do they see? They probably jump into a taxi at night and hardly disguising their impatience they tell the driver – "the centre, to the centre!"

And there are the families of the politicians, too. Apparently they prefer other centres – shopping centres –, the same desire to consume in *security* in the same cities, despite the *security guards* they requisition.

What can the members of the politicians' families on the loose see or visit at "Parque das Nações"? The safe shopping centre, because the streets are empty of shops, filling up with prams and bicycles only on Saturdays and Sundays.

I visited the installations that Pedro Ravara, Nuno Vidigal and João Paulo Martins had designed in their company, two days before the inauguration of the Portuguese Presidency. I got a pleasingly labyrinthine impression of it all. The architects had taken advantage of the challenge of the Pavilhão Atlântico's annex buildings to reveal its qualities, complexity and

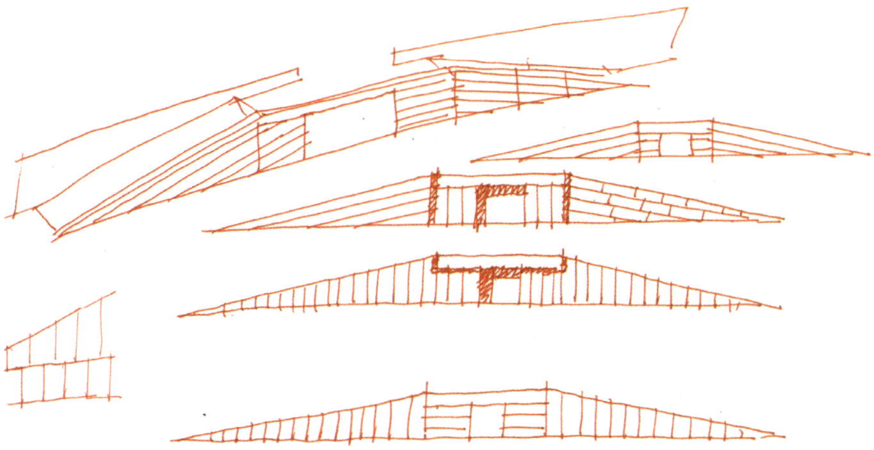

Rampa (não construída)
O projecto original previa a chegada das comitivas oficiais ao nível do Deambulatório, onde se localizava a entrada da área encarnada (mais condicionada). Por questões orçamentais, a rampa seria anulada numa fase intermédia do projecto.

Ramp (not built)
The original design envisaged the arrival of the official delegations at the walkway level, where the entrance to the Red Area was situated (greater security control). The ramp was eliminated at an intermediate design phase due to cost issues.

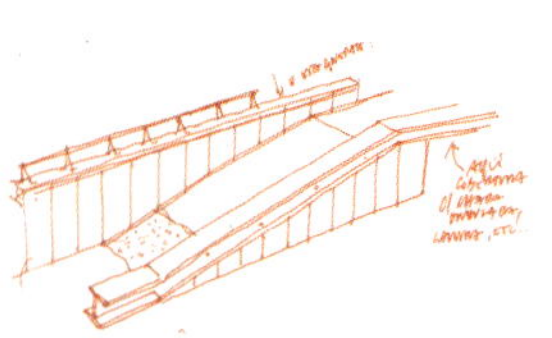

pretos por sobre a alcatifa à espera das longas noites de espera, ou os bares que as cortinas pregueadas cinzentas escuras tornavam intimistas, à volta. Longas réguas fluorescentes ou um sem número de luminárias cilíndricas clareavam o ar, por cima, por baixo das estruturas originais do pavilhão.

Os arquitectos tentaram, no espaço exíguo da rua que se sobrepõe a uns lagos, recuar um pouco e significar uma marcação de entrada. Dois inícios de interior de pirâmide ou apenas planos oblíquos recortaram duas passagens em gruta pintadas de encarnado e azul vivo. Pela manga azul entravam os delegados, pela encarnada os Presidentes e os Ministros (aos jornalistas foi reservada uma porta e corredor amarelos, na lateral do Pavilhão).

Uma rampa que também projectaram deveria levar as comitivas presidenciais, de automóvel, com um pouco mais de cerimonial, directamente ao piso superior. Não se chegou a cons-

tensions. There were ramps on different levels, corridors which narrowed as they left the atriums, dark hues (yellows, reds, blues,) which together made up a colour scheme.

It was a kind of speedily mounted scenario for a political performance. There were gaps, excuses to look at other spaces passing by. The press room, for example, huge, with its black furniture waiting on the fitted carpeting for long nights of waiting, or the bars where the dark-grey pleated curtains contributed to the intimacy of the surroundings. Long strips of fluorescent lighting or countless cylindrical luminaries lit up the air above, underneath the original structure of the pavillion.

In the limited space of the street which overlooked some water features, the architects had managed to move the facade back to indicate an entrance. The beginnings of two pyramids or just sloping planes, perhaps, opened on to cave-like passageways painted in bright red and blue. The delegates made their way along the blue corridor, Presidents and Ministers along the red one (journalists used the yellow door and corridor, at the side of the Pavillion.)

A ramp, which the architects had also designed, was supposed to take the Presidential entourages by limousine, with a touch of extra ceremony, directly to the upper floor. It was never built. It was axed at the design stage because the foreseeable cost

truir: "cortaram-na" os serviços, ainda em projecto, porque os euros envolvidos pareciam exceder o valor que a sua edificação pudesse garantir. Arrependimento, depois, porque ficou claro que o aparato arquitectónico teria feito crescer em complexidade e uso a entrada no efémero conjunto.

Por aí, teria sido mais espectacular a chegada às salas, com visão ligeiramente superior a largar a rua e a olhar o Tejo, à frente.

O corte do troço rampeado teve, no entanto, a vantagem de criar por dentro a já referida sensação de labirinto. Subiu-se então, pelo interior, em direcção às grandes salas de reuniões e à sua "mesa" segmentada e elipticamente disposta. O tecto que vimos, mercê de um engenhoso estratagema, esvaziava-se a meio e as peças verticais, que definiam uma espécie de "cartola" oca, mudavam de cor, conforme a nossa posição, repetindo os encarnados e os azuis que depois as superfícies espelhadas

exceeded the added value it could guarantee to bring. This was regretted as time went by, as it became clear that the complexity and usage of the entrance of this ephemeral construction would have gained much by the addition of this architectonic feature.

It would have been far more spectacular to reach the rooms by this route and would have allowed a slightly better view over the street to the Tagus directly ahead.

The elimination of the ramp, however, did bring the advantage of creating the previously-mentioned sensation of a labyrinth. Once inside the building, one climbed towards the great meeting rooms, each with its segmented and elliptically designed table. Thanks to an ingenious device, the ceiling appeared to have an empty space at the middle, whilst the vertical elements, which defined a kind of hollow top-hat, seemed to change colour according to where one stood in the room, repeating the reds

Escada dos Delegados
A cortina com o logótipo da Presidência recobre as paredes envolventes da Sala Tejo.

Delegates' Staircase
The curtain with the emblem of the Presidency covers the walls of the Sala Tejo.

recompunham e continuavam, atravessando o espaço todo.

Baterias de cabinas de tradução simultânea, vigiando pelos lados, encerradas em vidro negro, rematavam os topos.

Também a sala de banquetes, construção nova e efémera, empoleirada no alto de um terraço existente, resultou num espaço memorável (de tal modo que foi agora "comprada" pelo Pavilhão Atlântico, para continuar a servir como zona de restaurante).

O forte sol poente numa das faces daquela sala foi pretexto para uma série de lâminas que recortaram o ver exterior, parede de música negra por fora, prateados reflectindo o rio por dentro, alegria dos lados de luz que se afirmam rasgados, o tecto depois, pespontado de fluorescências, a sorrir sobre a sala.

Gostava de ver a obra destes autores, mais o excelente mobiliário que escolheram e desenharam, com outra largueza e a mesma *aisance*, mas com espaço urbano nomeável a definir-lhe o entorno.

Eu, que conheço o sítio, vejo sempre este trabalho encravado na "rua de serviço" que lhes foi dada. Como o terão visto (sentido) os diversos dirigentes e delegados que o viveram fugazmente, ou os jornalistas e os funcionários que os aguardavam?

and blues which the mirrored surfaces then recomposed and extended, cutting across the whole of the space.

Batteries of simultaneous translation booths, watching from the sides behind panels of dark glass, lined the ends of the rooms.

The banqueting room, too, a new, ephemeral construction, perched high on an existing terrace, was a memorable space – indeed so much so, that it was "purchased" by the Pavilhão Atlântico as a new restaurant area.

The strong setting sun on one of the facades of the room became the pretext for a series of blind-like structures which partly cut off the view to the exterior, appearing, from the outside, like a wall of black music, and from within, and from within like shards of silver reflecting the river, joyful slices of light, whilst the ceiling spotted with fluorescence smiled down upon the room.

I would like to see the work of these authors, together with the excellent furniture they chose and designed, on a more generous scale, retaining the same sense of ease, but with an identifiable urban space as their backdrop.

I, who know the place, always visualise this work forced into the "back street" setting they were given. How did the various personalities and delegates who used it for a short time see it (or feel it), or the journalists or staff who awaited them?

DO ÊXTASE FEBRIL À PERSPICÁCIA
FROM FEVER TO FORESIGHT

Axel Sowa

Sala Nónio
As cores da Presidência Portuguesa

Sala Nónio
The colours of the Portuguese Presidency

Há edifícios que desejamos nunca terem sido construídos. Localizam-se, há demasiado tempo, onde preferíamos imaginar outras construções. Outros edifícios existem sem nunca nos termos deles apercebido. Pela sua presença discreta, esvanecem no cenário de fundo dos nossos dramas quotidianos. Ninguém dignifica a sua beleza discreta, pois, para tal, seria necessária dedicação contemplativa, para a qual nos falta, regra geral, disponibilidade de tempo e ócio. Depois há todas as outras construções que gostaríamos de ter vivenciado, mas que perdemos, assim como se perde um comboio ou avião. O lapso de vida destes imóveis efémeros é tão curto que, geralmente, só podem ser apresentados a um público restrito. Assim aconteceu com a construção temporária do centro de congressos, integrada no Pavilhão Atlântico, durante o período compreendido entre Julho e Dezembro de 2007. Esta complexa arquitectura de interiores foi vista, utilizada e apreciada apenas por dirigentes, funcionários e jornalistas eleitos que se concentraram,

There are buildings that we wish had never been built. They have been around far too long, occupying places that we would rather see occupied by something else. Other buildings exist without ever being noticed. Due to their discreet presence, they disappear into the background of daily life. No one appreciates their unobtrusive beauty, as this would require a kind of contemplative indulgence, which takes too much time and effort. And finally, there are all those buildings we wish we had experienced – but we missed them, just like you miss a train or an aeroplane. The life span of these ephemeral structures is usually so short that they can only be presented to a select audience. This was the case with the temporary congress building, which was located inside Lisbon's Pavilhão Atlântico from July to December 2007. Its complex interior architecture was seen, used and appreciated by a select few individuals only, as well as EU officials and journalists that travelled to the bank of the Tagus during

por alguns meses, à beira Tejo, no decorrer da Presidência Portuguesa do Conselho Europeu. Tal como acontece com outras formas artísticas de vínculo temporário, esta construção também foi regida por um protocolo, definindo como e quando se deveria proceder à sua montagem e desmontagem. Depois de terminada esta representação, o local, um pavilhão multiusos projectado pela SOM, ficaria livre para a apresentação seguinte. Marcas duradoras de um tal espectáculo só se encontram na memória daqueles que puderam presenciar a excepcional aparência do pavilhão de congressos. Como as construções efémeras não podem aspirar a ser objecto de um segundo ou terceiro olhar, a sua força performativa baseia-se na intensificação da percepção do espaço e do tempo. Também no curto espaço de vida da obra do *Baixa Atelier*, as cores, a iluminação e sobretudo a concepção do espaço de entrada seguem uma encenação que trabalha com contrastes, pontuações e acentuações do ambiente.

the few months of the Portuguese EU presidency. As is the case with other time-bound art forms, a protocol set out how and when it had to be erected and dismantled. Once the event was over, the venue – a multi-purpose hall designed by SOM – was cleared for the next show. A spectacle of this kind only leaves an impression on those who had the chance to personally witness the eventful display of the congress building. As ephemeral buildings barely get a second or third glance, their performative power is based on enhancing the perception of space and time. This also applies to the short-lived structure created by the *Baixa Atelier*, where colours, lighting and, above all, the design of the entrance area follow an approach that uses contrasts, highlights and atmospheric enhancement.

Far-reaching ephemerality
According to its etymological meaning, "the ephemeral" describes a feverish state lasting one day.

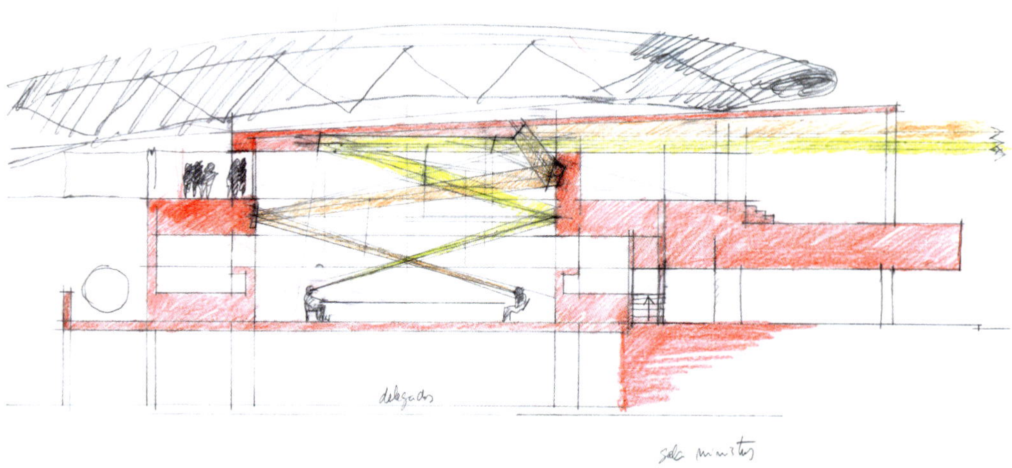

Sala de reuniões
Esquisso de uma fase inicial de concepção (corte)

Meeting room
Sketch at an early design phase (Section)

Sala Tejo
Durante os trabalhos de construção

Sala Tejo
During construction works

A multiplicidade de impactos do efémero

O significado etimológico de efémero designa um estado febril que expira ao fim de um dia. Também a construção efémera é uma *ephemera febris*, vivendo do êxtase febril colectivo de curiosos, crentes no futuro ou de uma multidão inflamada de qualquer outro modo. Que a euforia dos visitantes não pode ser um estado constante; que só se pode render homenagem ao progresso sob determinadas condições e sob exclusão da responsabilidade conjunta, faz parte do conhecimento básico dos organizadores de exposições mundiais há já 150 anos. Na sua vontade febril de agarrar o futuro, também os movimentos vanguardistas modernos se serviram da força persuasiva da construção da arquitectura *trompe-l'œil*. Tal só foi possível sob a condição de que todos os pavilhões de exposição, *stands* e construções para demonstração fizessem esquecer a indigência da sua construção com ripas de madeira, painéis de gesso e tinta fresca.

Ephemeral construction is also an *ephemera febris*. It lives from the collective fever of a crowd that is inquisitive, progress-oriented or otherwise fired up. The fact that the crowd's euphoria cannot last forever, and that we can only pay homage to progress under certain conditions and by excluding joint responsibility, is something that organisers of world exhibitions have known for one hundred and fifty years. In their feverish pursuit of the future, modern avantgarde movements also resorted to the persuasive power of mock architecture. They only succeeded, however, if the exhibition pavilions, stands and demo structures made people forget the makeshift constructions of wooden slats, plasterboard and fresh paint. With the glamour of performative construction, the letdown only comes after the event. It is only when the fabulous props are discarded that the manifestos are reduced to hazardous waste material. And where these modern structures were expected to provide durability,

O maravilhoso brilho da construção performativa protela o desencanto para o momento pós representação. Só quando os fabulosos cenários têm de ser eliminados é que os manifestos construídos emergem como um problema de resíduos especiais. E mesmo, onde, no fundo, se deveria esperar durabilidade, as construções modernas revelaram-se assombrosamente frágeis. Uma vez que o envelhecimento digno não estava previsto nos programas e manifestos da arquitectura moderna, a manutenção da estrutura de construção revela-se extremamente difícil. A arquitectura que, como meio condutor de uma era grávida de futuro, servia sobretudo para ajudar a lançar novas doutrinas e ideias de construção, tem um compromisso eterno com a experimentação. Balançando entre a euforia febril e o abismo do desencanto, o século XX facultou a dignificação mais elevada às construções efémeras. Só recentemente se começou a ter uma atitude mais cautelosa. As arquitecturas das exposições mundiais da viragem de milénio já não se encontram ao serviço do credo momentâneo, mas comprovam responsabilidade face aos orçamentos, ao espaço e aos recursos. Os recintos de exposições ou são logo projectados como um prolongamento da cidade, como no caso de Lisboa, ou completamente desmontáveis, como no caso da Expo 02, na Suíça.

Com uma dúvida crescente face aos manifestos estrondosamente apregoados, a construção efémera viu-se na mira da crítica. O excesso de utopia já

they turned out to be extremely fragile. Ageing with dignity did not feature in the programmes and manifestos of modern architecture, which is why the preservation of structures has proven exceedingly difficult. Being a key medium for a future-oriented time, architecture was mainly used to pioneer new doctrines and construction ideas – and forever remains experimental. Wavering between feverish euphoria and deep letdown, the twentieth century saw ephemeral construction methods become highly recognised. It is only recently that we have become more cautious. The architectures of world exhibitions at the turn of the millennium are no longer spur-of-the-moment creations. Instead, they reflect their creators' responsibility in dealing with budgets, space and resources. The exhibition grounds are either integrated into urban development plans, as in the Lisbon example, or completely

"Passos Perdidos"
Lobby area

Restaurante

Jantar de trabalho

Restaurant

Working dinner

não era suficiente para justificar a aplicação dos recursos. No contexto dos debates sobre sustentabilidade, o provisório é questionável pela sua característica fugaz. No entanto, se analisarmos a etimologia da palavra "provisum", descobrimos que, originalmente, a reversibilidade da acção não desempenhava um papel determinante. Provisão indicava, no início, prospectivamente, a inevitabilidade do limite temporal. Através da provisão papal, um dignitário da igreja podia ser nomeado para um cargo, mesmo antes do falecimento do seu antecessor. Também no campo da arquitectura, a provisão avança, desde há trinta anos, no sentido de um interesse sistémico. Através de um processo de projecto prudente e zeloso dos recursos, a margem de manobra das gerações vindouras deverá ser deixada em aberto. Daí que a nova atractividade do provisório se baseie, totalmente, em contextos económicos e ecológicos. Quando já não é possível fazer prognósticos plausíveis quanto à duração da utilização e da função e quando

dismantled, as was the case with the Swiss Expo 02.

As vociferously presented manifestos are starting to raise eyebrows, ephemeral construction methods have come under attack. Utopian abundance alone can no longer justify the use of resources. In the light of sustainability debates, makeshift solutions are becoming questionable signs of their early disappearance. If we look at the etymology of the word "provision", however, we discover that the aspect of reversibility originally played no significant role. Instead, the term provision originally implied an anticipation of the inevitability of the limitations of time. A papal provision, for example, was used to appoint a church dignitary before his predecessor went to meet his maker. In the field of architecture, provision has been developing into a systemic concern for thirty years. Careful designs, which ensure the preserving of resources, provide options for generations to come. The

cada ocupação duradoura do espaço implica o risco de ser feita uma previsão de utilização errada, os espaços devem poder ser ocupados por curtos períodos de tempo. Isto implica que os centros urbanos disponibilizem espaços polivalentes. O vazio interior das grandes arquitecturas polivalentes de funcionalidade indeterminada cria um vácuo, na melhor das hipóteses, que é preenchido por sugestões de aproveitamento específico e temporário. Independentemente do seu valor estético, o Pavilhão Atlântico pode, assim, ser compreendido como um tipo de arquitectura anfitriã, na qual podem ser acolhidas estruturas de diversas amplitudes. Os arquitectos do *Baixa Atelier* planificaram neste sentido o centro de congressos temporário como uma arquitectura de acolhimento. A intenção centrou-se não só no conforto de utilização e num ambiente propício à concentração no trabalho, como também se teve em conta que, após a desmontagem, os componentes da construção pudessem ser integrados no ciclo de reciclagem da logística de materiais. O carácter visionário do trabalho reside no jogo de interacção entre invólucro – conteúdo, pavilhão polivalente – arquitectura de interiores e convidado – anfitrião. E mesmo aqueles que perderam este jogo dinâmico podem, facilmente, calcular o impacto que uma construção efémera pode ter.

new attractiveness of the provisional must now be seen entirely in an economic-ecological context. If it is no longer possible to provide reliable predictions on the duration of usage and function, and if each permanent solution carries the risk of misjudgment, the short-term use of space is the obvious alternative. This is only possible, however, if towns and cities provide a certain amount of functionally open space. The inner emptiness of polyvalent, functionally underdetermined, architectural shells at best creates a vacuum, which can be filled by specific, temporary solutions. Regardless of its aesthetic qualities, the Pavilhão Atlântico can therefore be seen as a kind of host architecture, which can accommodate structures of different sizes. A guest architecture was what the architects of the *Baixa Atelier* had in mind when they designed the temporary congress centre. Apart from offering ease of use and creating the right atmosphere for productive work, they ensured that the building components, once dismantled, could be fed back into the cycle of materials. The visionary content of the work lies in the interaction between shell and interior, between multi-purpose hall and interior architecture, between guest and host. And even those who missed this spectacular interaction can easily imagine the far-reaching character of a temporary construction.

Delegados
Zone de estar

Delegates
Leisure area

A CA(U)SA EUROPEIA
(A) EUROPEAN CONSTRUCTION

Pedro Ravara

Restaurante
O desenho do volume do restaurante e a escolha do material de revestimento procuraram uma integração com os volumes e materiais existentes no Pavilhão Atlântico.

Restaurant
The volumes of the restaurant and the materials were chosen to harmonise with those of the Pavilhão Atlântico.

Hoje a União Europeia ultrapassa a simples união económica, para se firmar na defesa de uma cidadania europeia baseada na defesa dos direitos do Homem e no reconhecimento de uma cultura ocidental genérica, que moldou e continua a formar a sociedade moderna e contemporânea. Com o Acordo de Schengen, o espaço europeu tornou-se permeável às fronteiras administrativas e políticas das regiões e países, consagrando o cidadão europeu definitivamente como um "cidadão do mundo".

O lugar da EXPO '98 em Lisboa, sítio de requalificação urbana exemplar, representa a cidade contemporânea europeia, consumando no seu urbanismo, arquitectura, gentes e quotidianos, uma cultura comum não só à Europa, mas também, e sobretudo, ao mundo atlântico e mediterrânico. Com o acontecimento e as alterações devidas à Exposição de 1998, Lisboa redireccionou o seu olhar continental, complementando-o com a vertente intercontinental que, por outras razões,

Today the European Union is far more than an economic alliance, defending a notion of European citizenship firmly based on human rights and on the celebration of a western culture which has formed and continues to influence modern society. With the advent of the Schengen agreement the political frontiers and administrative regions of Europe have become permeable, and the European citizen has finally assumed his rightful place as a "world citizen".

The site of exemplary urban requalification, Expo 98, in Lisbon, is a worthy testament to the contemporary European city, whilst its planning and architecture, its people and daily routines, bear witness to both its European and its Atlantic and Mediterranean cultural heritages. As a consequence of the alterations brought about by the 1998 Exhibition, Lisbon re-examined its continental stance, rediscovering the intercontinental orientation which had inspired it in past times, albeit for very differ-

afirmara já no passado. Esta vocação atlântica e mediterrânica, reconhecível transversalmente na sociedade portuguesa, não só através de gentes de "outros lados" como também na absorção de outros costumes e hábitos, representa a definitiva miscigenação da cultura do cidadão de Portugal, para o equiparar ao estatuto de cidadão do mundo, através da ponte de encontros que os mares representam e sempre representaram.

Desta forma, da relação histórica entre a Lisboa da partida e o seu reflexo espelhado da chegada, obtemos hoje uma Lisboa capital europeia, cidade particular e genérica, de confluências e contradições que traduzem uma condição presente, mais do que uma condição adquirida. Esta cidade meridional acolheu e presidiu a organização continental da União Europeia. Infinitude e limite, abertura e encerramento são os campos culturais do confronto entre os parceiros europeus. Do reconhecimento deste compromisso entre disposições tão diferentes molda-se a União Europeia do presente.

Do desenvolvimento deste conceito abstracto de relação entre entidades opostas mas complementares resultou o Projecto de Arquitectura para a adaptação das salas Tejo e Atlântico e do Centro de Negócios para as Instalações Permanentes da Presidência Portuguesa da União Europeia em 2007.

O Pavilhão Atlântico oferece dois espaços primários para a realização de

ent reasons. This Atlantic and Mediterranean vocation is patent throughout Portuguese society, not just in the presence of people "from other climes" but also in the absorption of different habits and customs, testifying to the miscegenation of culture which confers upon the Portuguese man-in-the-street the statute of world citizenship, brought by the crossroads of cultures which the sea has always epitomised.

It was out of the historical relationship between the city as a place of departure and its mirror image, a place of arrival, that Lisbon, the European Capital of Culture was born, a specific yet global city, a place of confluence and contradiction, the expression of its present state rather than an acquired condition. It was this meridional city which hosted and presided over the continental organisation of the European Union. Infinitude and limits, openness and closure, these are the cultural references which define the confrontation between European partners. It is in the recognition of the compromise between such widely disparate moods that today's European Union is being created.

It is to to the development of the abstract concept of this relationship between opposite yet complementary entities that the architectural design for the adaptation of the Tagus and Atlantic Rooms and the Business Centre as the Permanent Installations of the Portuguese Presidency of the European Union in 2007 owes its origin.

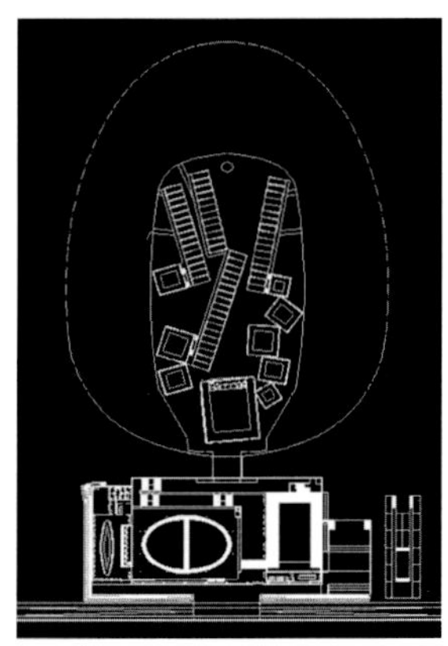

Barco numa garrafa
A mais antiga miniatura de um barco dentro de uma garrafa mostra um navio de guerra português ou turco. Construtor: Giovanni Biondo, Veneza, Itália, 1784. Museum für Kunst und Kulturgeschichte der Hansestadt Lübeck.

Ship in a bottle
The oldest miniature of a ship in a bottle showing a Portuguese or Turkish man-of-war. Builder: Giovanni Biondo, Venice, Italy 1784. Museum für Kunst und Kulturgeschichte der Hansestadt, Lübeck.

actividades diversas, com grande flexibilidade de adaptação e de recepção de novas estruturas. Esta possibilidade de se conformar como contentor de estruturas independentes do invólucro preexistente sugere-nos a construção de "uma casa dentro de uma casa".

A "casa" da Presidência Portuguesa para a União Europeia teve lugar dentro da Sala Tejo. As estruturas que aí foram construídas assumem-se como volumes claramente definidos dentro de um espaço amplo que, através da sua relação e modo de agregação, estabelecem diferentes níveis de acesso, circulação e estadia. Circunscrevem espaços fechados destinados a actividades específicas, acústica e visualmente encerrados, isolados de quaisquer perturbações exteriores. É esse o caso das grandes salas de reuniões técnicas e ministeriais, mas também da sala de conferências de imprensa da presidência, das salas de reuniões bilaterais, das salas de *briefing* ou alguns dos gabinetes e salas de reunião a elas associados, que integram igualmente as Instalações Permanentes.

O seu funcionamento beneficia da presença das salas e *open-spaces* que constituem o Centro de Negócios, bem como de outras áreas de apoio existentes e essenciais (instalações sanitárias e zonas de copa para apoio ao serviço de *catering*), nas quais a intervenção foi menos marcante ao nível da estrutura espacial.

Desta forma, reconheceu-se a condição de estar dentro e fora, correspon-

The Pavilhão Atlântico is equipped with two primary areas for different types of activities, and has been provided with considerable flexibility for the adaptation and reception of new structures. This possibilty of acting as a receptacle for structures independent of the pre-existing enclosure recalls the concept of a "house within a house".

The "house" for the Portuguese Presidency of the European Union was constructed inside the Tagus Room. The structures which were built here were conceived as clearly defined volumes within a generous space which, by means of the relationships between them and the way they are brought together, establish different levels of access, circulation and permanence. They enclose spaces intended for specific activities, which are acoustically and visually isolated from outside disturbance. This is the case of the great halls for technical and ministerial meetings, but also the presidential press conference rooms, the bilateral meeting rooms, the briefing rooms, or certain of the offices and annexes associated to them, which are also part of the Permanent Installations.

The functionality of these areas is aided by the existence of the rooms and open spaces which make up the Business Centre, together with the other essential auxiliary facilities (sanitary intallations and pantry areas to provide support for catering) where the intervention had less influence upon the spatial structure.

dendo o fora a um espaço genérico de estar, em contínuo com o exterior do pavilhão. De facto, o invólucro definido pelo edifício do Pavilhão Atlântico torna-se etéreo e funcional. Deixou de representar o limite entre exterior e interior para se constituir apenas e só como limite do ponto de vista do controlo ambiental. Esta ambivalência entre espaços fluidos e contínuos e espaços encerrados, claramente delimitados, remete para a possibilidade da integração espacial de condicionalismos e de áreas de trabalho diferentes, sem descurar todas as suas características funcionais e representativas. Local, regional, continental ou internacional, limite e infinito, concreto e abstracto são noções ambivalentes, passíveis de serem integradas através de um dispositivo de hibridação, neste caso de uma arquitectura que propõe a miscigenação de modelos espaciais.

No sentido de reconhecer este encontro como um ritual do quotidiano das Instalações Permanentes e também em resposta a um programa que estabelecia zonas com acessos e hierarquias diferentes (as zonas amarela, azul e encarnada), apostou-se de forma clara, esquemática e condicionante de toda a organização funcional interior, pela separação dos acessos e entradas ao edifício, conduzindo à concepção de um espaço central, unificador e conciliador de encontro entre os vários intervenientes e utilizadores do centro. De facto, a separação desde a primeira instância, a do próprio ingresso ao edifício, entre jornalistas (zona amarela), delegados

Following on from these ideas, it was decided to confront the notion of outside and inside, outside corresponding to the general area of permanence continuous with the exterior of the pavillion. In fact, the enclosure defined by the building of the Pavilhão Atlântico was both ethereal and functional. It no longer represented the limit between the exterior and the interior but was a limit merely from the standpoint of environmental control. This ambivalence between fluid and continuous spaces and clearly defined, enclosed spaces, pointed towards the possibility of spatial integration and synergy between different working areas, without jeopardising their functional and representative characteristics. Local, regional, continental or international, limited and infinite, concrete and abstract, are ambivalent notions which may be integrated through hybridisation devices such as an architecture which advocates the miscegenation of spatial models, as in the case in point.

With the aim of celebrating this encounter as a daily ritual of the permanent installations, and to satisfy a programme which established zones with different hierarchical accesses (the yellow, blue and red zones), a decison was taken, with clear, schematic consequences for the whole of the interior organisation, to separate accesses and entrances to the building, leading to the concept of a unifying and conciliatory central space where the different participants

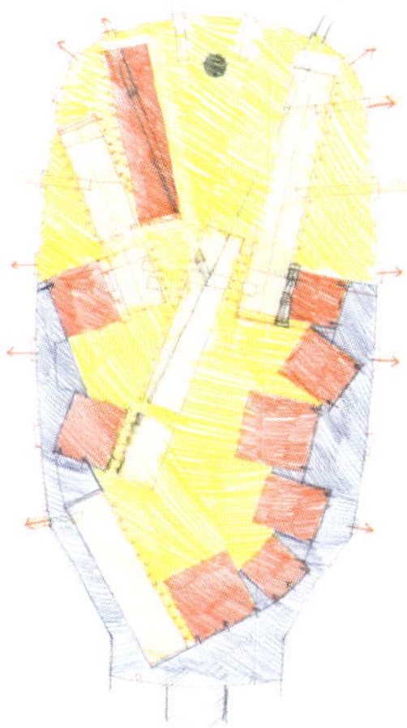

Pavilhão Atlântico
Primeira proposta para a ampliação das instalações da Presidência Portuguesa para receber a Reunião Informal de Chefes de Estado, em Outubro (não construida)

Pavilhão Atlântico
First proposal for the expansion of the installations of the Portuguese Presidency to host the Informal Meeting of Heads of State, in October (not built)

(zona azul) e comitivas ministeriais (zona encarnada) permitiu-nos que, na definição da organização interna do centro, e respondendo a todas as questões intrínsecas ao guião programático que serviu de base ao projecto, se tenha atingido uma solução arquitectónica que potenciou toda a volumetria disponível, bem como a relação entre as partes disponíveis para o centro (Sala Atlântico e Centro de Negócios). No seu interior, como que acentuando esta necessidade funcional de hierarquização de áreas, desenhou-se um espaço vazio de atravessamento longitudinal do novo complexo que permite uma comunhão entre os distintos intervenientes (jornalistas, delegados e comitivas ministeriais).

Este é o gesto conceptual mais decisivo na configuração formal e espacial de toda a intervenção para as Instalações Permanentes, de uma forma que pretendeu responder directamente às necessidades de funcionamento específico (separação de circuitos, possibilidades de flexibilização de usos dos espaços, etc.) e genérico (espaços de descompressão, qualidade espacial e ambiental, etc.) para os seis meses da Presidência Portuguesa.

and users of the Centre could freely meet. Indeed, the separation, right from the entrance to the building, between journalists,(yellow zone), delegates, (blue zone) and ministerial teams (red zone) enabled us to create an architectural solution for the internal organisation which took full advantage of the whole available volume whilst satisfying all the intrinsic requirements of the design programme, as well as the relationship between the areas available for the Centre (the Atlantic Room and the Business Centre). As if to accentuate the functional need for hierarchical distinction of areas, an open space was designed to cross the whole of the new complex lengthwise, allowing interaction between the different participants (journalists, delegates and ministerial teams)

This, the most decisive design feature as regards the formal and spatial configuration of the whole intervention for the Permanent Installations to house the six-month Portuguese Presidency of the European Union, was created as a direct response towards specific functional requirements (separation of internal circulation, flexibility of spatial usage etc.) and general programmatic features (relaxation areas, spatial and environmental considerations etc).

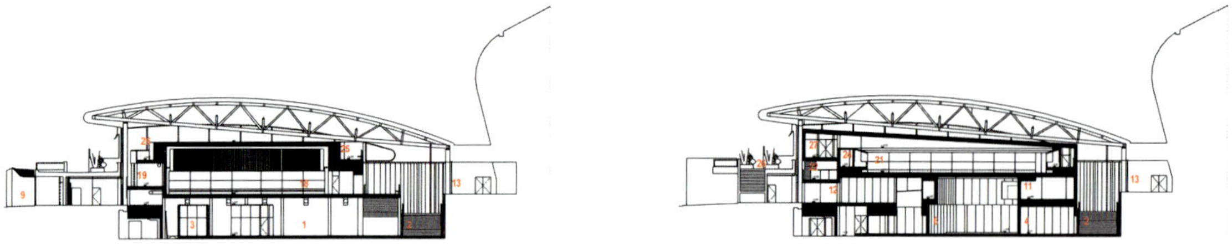

Corte A-A / Corte B-B
Section A-A / Section B-B

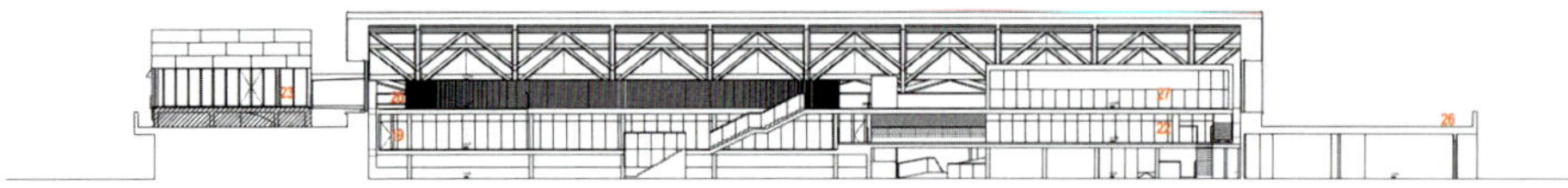

Corte C1-C1
Section C1-C1

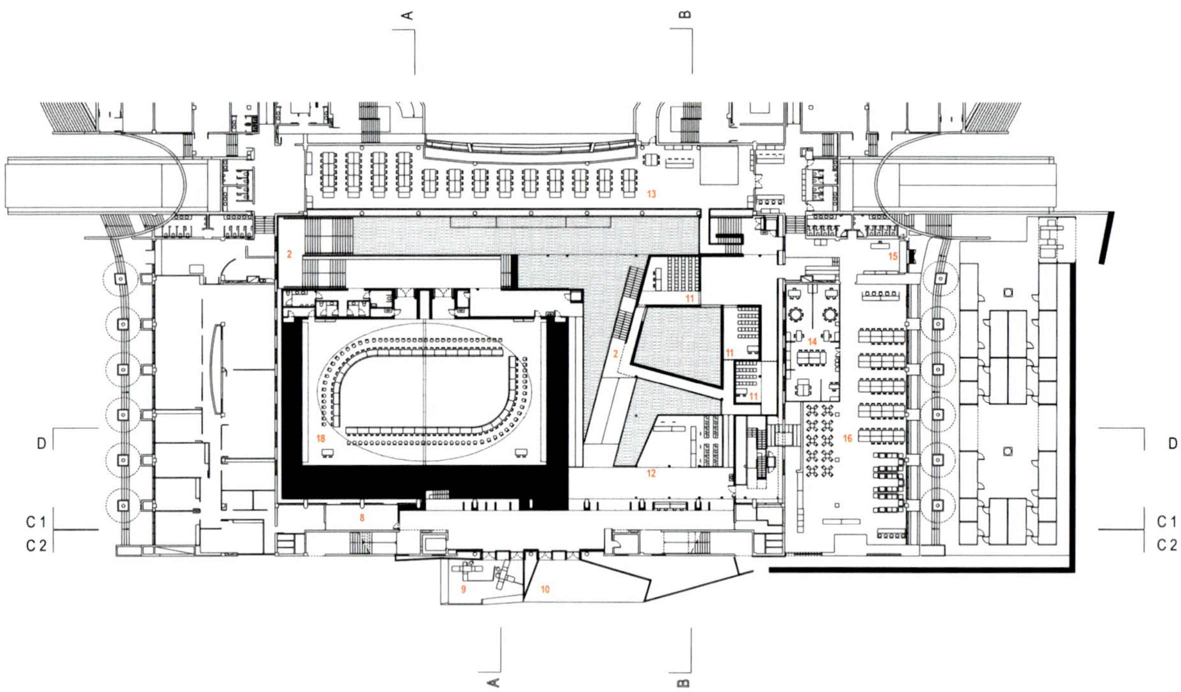

Piso 1
Level 1

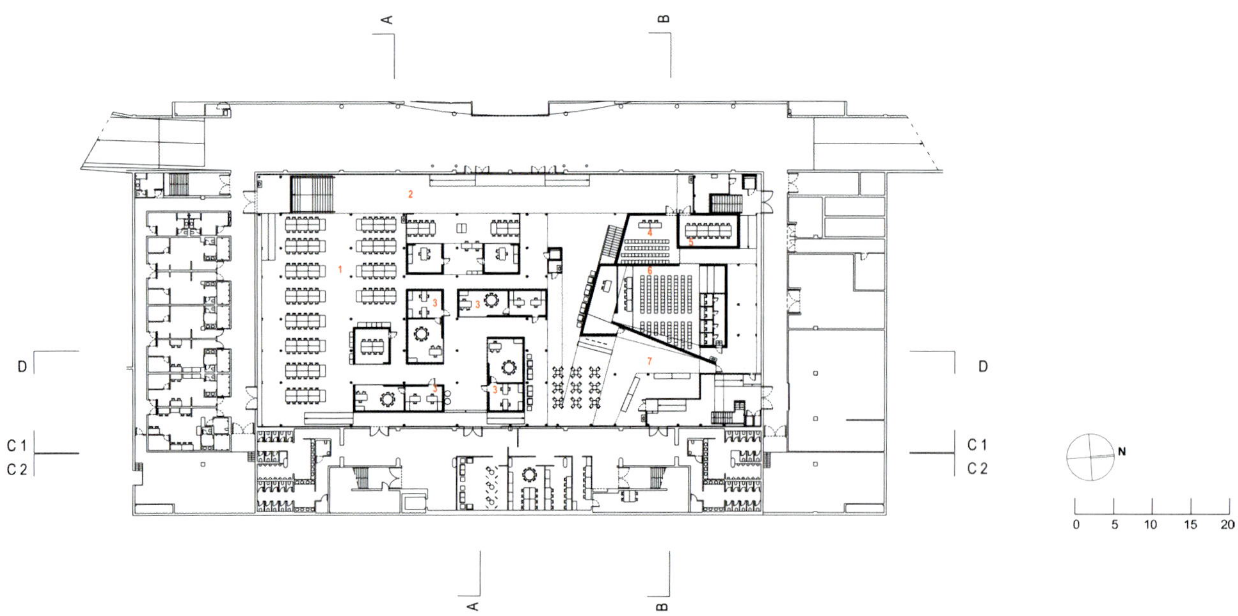

Piso 0
Level 0

Piso 0 (Delegações / Zona Azul) 1. Delegações 2. "Passos Perdidos" 3. Gabinetes da Presidência e Missão 4. Sala de conferência de imprensa 5. Sala de Reuniões Bilaterais 6. Conferência de Imprensa (Presidência) 7. Zona de Estar e Cafetaria **Piso 1 (Delegações e *Pinholders* / Zona Encarnada e Azul)** 8. Posto Médico 9. Entrada das Delegações 10. Entrada das Comitivas Ministeriais 11. Sala de conferência de imprensa 12. Recepção/Bengaleiro **Piso 1 (Centro de Imprensa / Zona Amarela)** 13. Zona de Trabalho 14. Gabinete do Coordenador dos Media 15. Entrada da Zona Amarela 16. Zona de Estar / Cafetaria **Piso 2 (Salas de Reuniões / Zona Encarnada e Azul)** 17. Interpretação Simultânea 18. Sala de Reuniões Nónio 19. Sala de Estar dos Seguranças 20. *Pinholders* 21. Sala de Reuniões Astrolábio 22. Sala de Estar dos Intérpretes **Piso 3 (Zona Encarnada)** 23. Restaurante 24. Interpretação Simultânea 25. *Pinholders* 26. Terraço 27. Sala de Reuniões Bilaterais.

Corte D-D
Section D-D

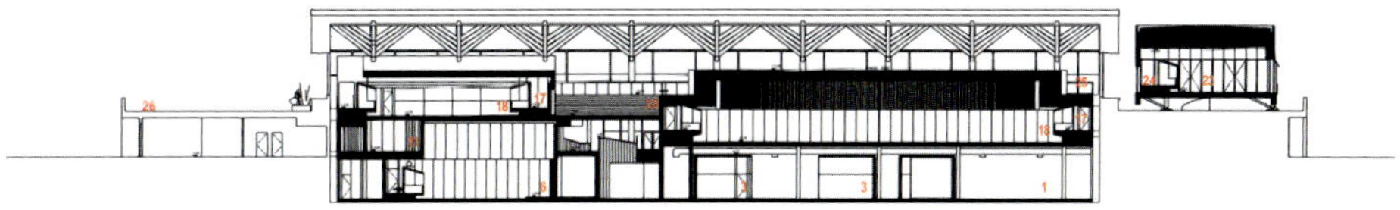

Corte C2-C2
Section C2-C2

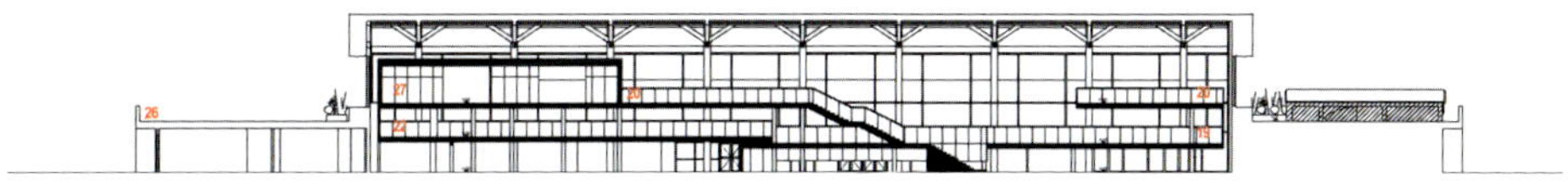

Piso 2
Level 2

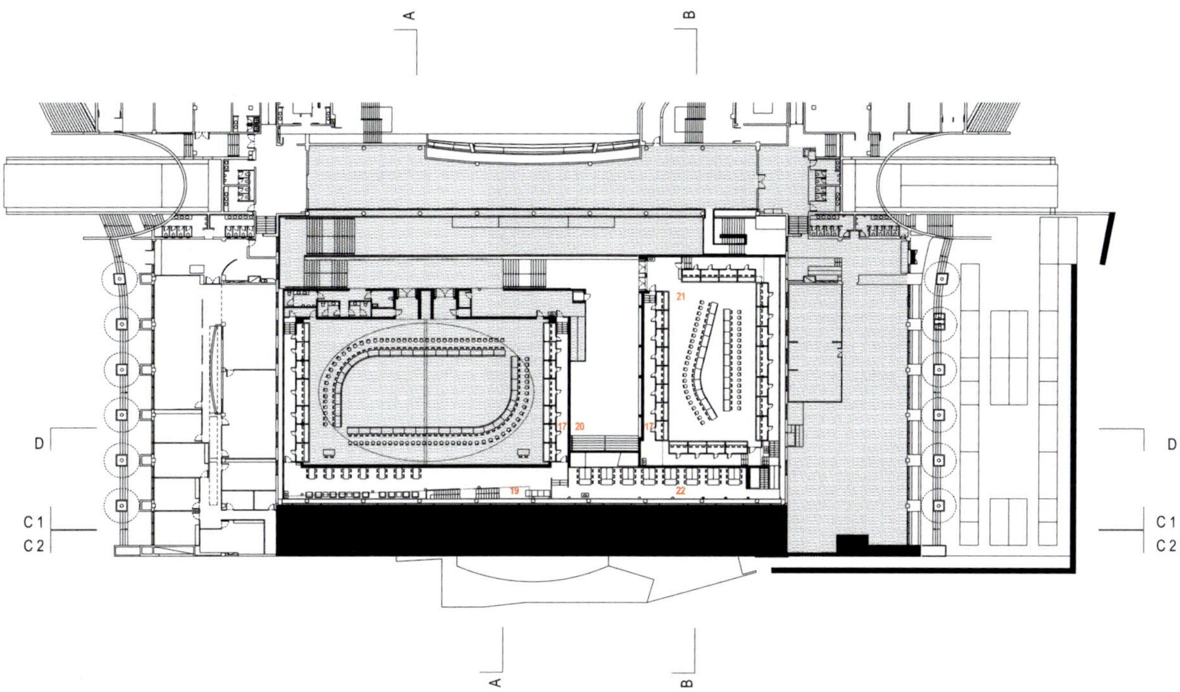

Piso 3
Level 3

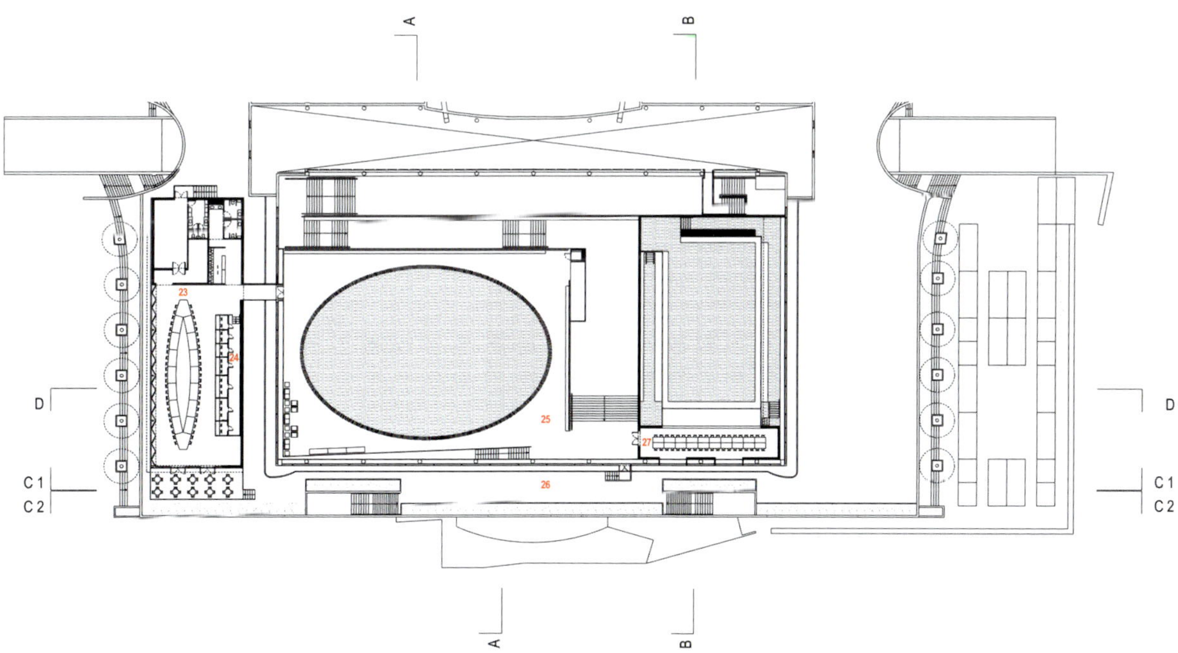

Level 0 (Delegations / Blue Zone) 1. Delegations 2. Lobby 3. Presidential and Mission Offices 4. Briefing Room 5. Bilateral Meeting Room 6. Press Conferences (Presidency) 7. Lounge and Cafeteria **Level 1 (Delegations and Pin holders / Blue and Red Zone)** 8. Medical Assistance 9. Delegates Entrance 10. Entrance for Ministerial Delegations 11. Briefing Rooms 12. Reception / Cloakroom **Level 1 (Press centre / Yellow Zone)** 13. Working area 14. Media Coordinator's Office 15. Entrance to the Yellow Zone 16. Lounge/ Cafeteria **Level 2 (Meeting Rooms / Red and Blue Zone)** 17. Simultaneous Translation 18. Nónio Meeting Room 19. Security Staff Lounge 20. Pin holders 21. Astrolábio Meeting Room 22. Translators Lounge **Level 3 (Red Zone)** 23. Restaurant 24. Simultaneous Translation 25. Pin holders 26. Terrace 27. Bilateral Meeting Room.

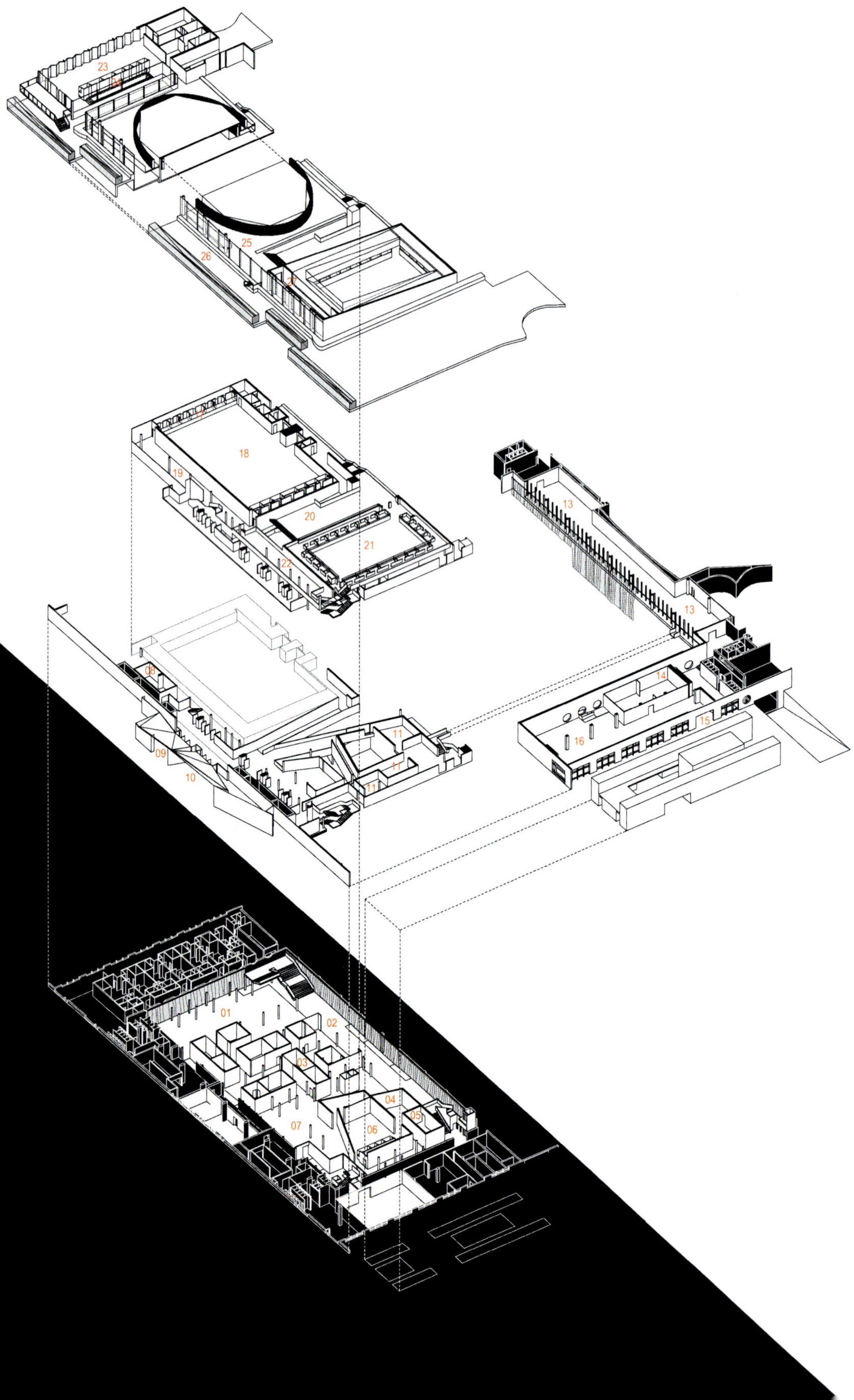

Piso 0 (Delegações / Zona Azul) 1. Delegações 2. "Passos Perdidos" 3. Gabinetes da Presidência e Missão 4. Sala de conferência de imprensa 5. Sala de Reuniões Bilaterais 6. Conferência de Imprensa (Presidência) 7. Zona de Estar e Cafetaria
Piso 1 (Delegações e *Pinholders* / Zona Encarnada e Azul) 8. Posto Médico 9. Entrada das Delegações 10. Entrada das Comitivas Ministeriais 11. Sala de conferência de imprensa
12. Recepção / Bengaleiro
Piso 1 (Centro de Imprensa / Zona Amarela) 13. Zona de Trabalho 14. Gabinete do Coordenador dos Media
15. Entrada da Zona Amarela
16. Zona de Estar / Cafetaria
Piso 2 (Salas de Reuniões / Zona Encarnada e Azul)
17. Interpretação Simultânea
18. Sala de Reuniões Nónio
19. Sala de Estar dos Seguranças
20. *Pinholders* 21. Sala de Reuniões Astrolábio 22. Sala de Estar dos Intérpretes
Piso 3 (Zona Encarnada)
23. Restaurante 24. Interpretação Simultânea 25. *Pinholders*
26. Terraço 27. Sala de Reuniões Bilaterais.

Level 0 (Delegations / Blue Zone) 1. Delegations 2. Lobby
3. Presidential and Mission Offices 4. Briefing Room
5. Bilateral Meeting Room
6. Press Conferences (Presidency) 7. Lounge and Cafeteria
Level 1 (Delegations and Pin holders / Blue and Red Zone)
8. Medical Assistance
9. Delegates Entrance
10. Entrance for Ministerial Delegations 11. Briefing Rooms
12. Reception / Cloakroom
Level 1 (Press centre / Yellow Zone) 13. Working area 14. Media Coordinator's Office 15. Entrance to the Yellow Zone 16. Lounge/ Cafeteria
Level 2 (Meeting Rooms / Red and Blue Zone) 17. Simultaneous Translation 18. Nónio Meeting Room 19. Security Staff Lounge
20. Pin holders 21. Astrolábio Meeting Room 22. Translators Lounge **Level 3 (Red Zone)**
23. Restaurant 24. Simultaneous Translation 25. Pin holders
26. Terrace 27. Bilateral Meeting Room.

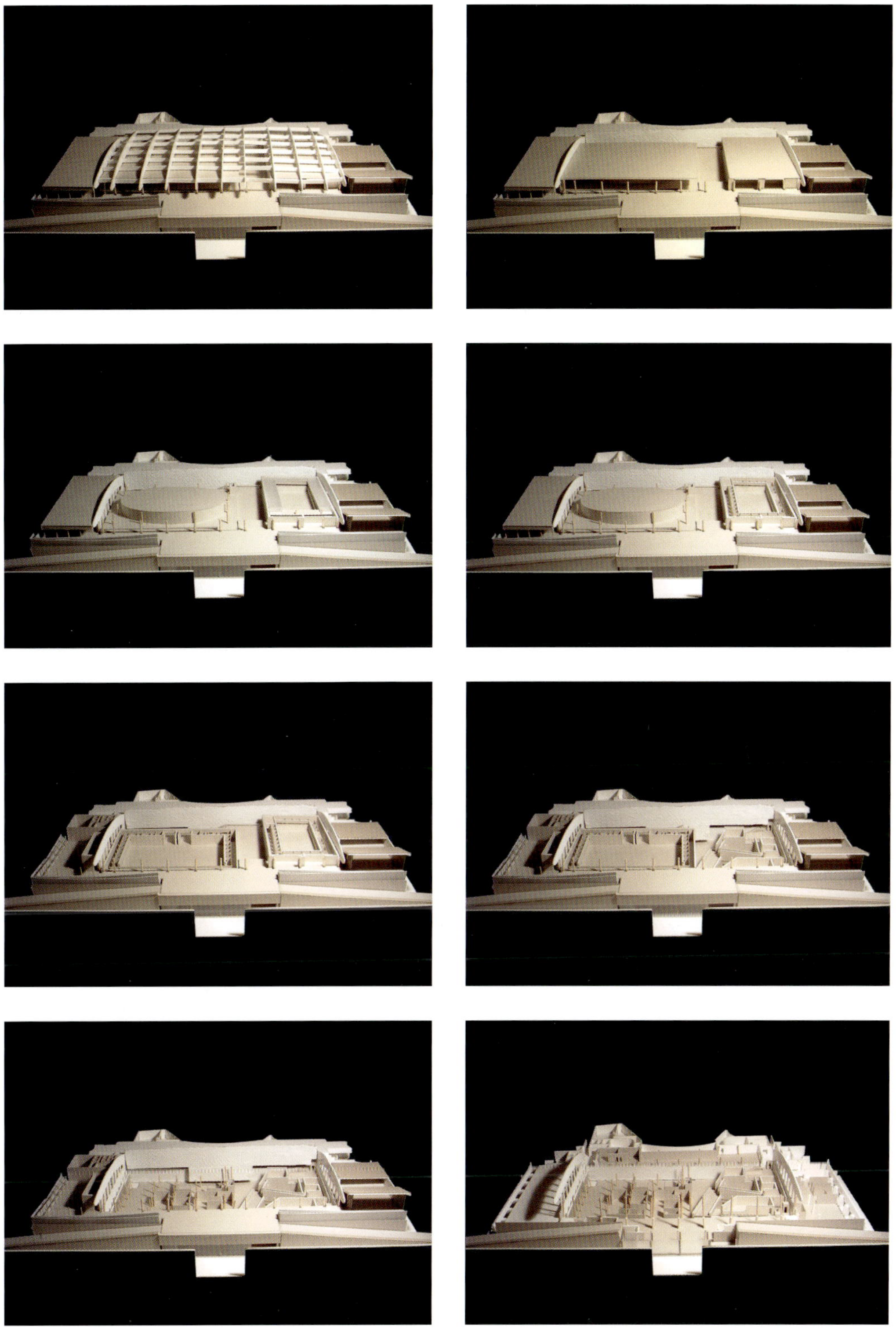

Maqueta

Sequência de fotografias que mostram os diferentes elementos da obra

Model

Sequence of photographs, which show the different elements of the building

VISITA À OBRA
VISIT TO THE SITE

Programa

A Presidência Portuguesa da União Europeia, que decorreu no segundo semestre de 2007, previa a realização de praticamente todas as reuniões técnicas e informais em instalações permanentes. Essas instalações localizaram-se no Pavilhão Atlântico, situado no Parque das Nações, o mais recente bairro de Lisboa, construído para a Exposição Internacional de 1998.

O Pavilhão Atlântico é um edifício multiusos para eventos desportivos e culturais composto por uma grande sala (Sala Atlântico), uma outra mais pequena (Sala Tejo), uma zona de reuniões e as respectivas instalações administrativas. Com capacidade para 16 500 espectadores esta é, desde a data da sua inaguração como um dos pavilhões da Expo'98, a maior sala da cidade. Devido à sua cobertura em forma de carapaça, este projecto dos arquitectos Skidmore, Owens and Merrill (SOM) e Regino Cruz é hoje um dos pontos de referência do novo bairro.

Programme

The Portuguese Presidency of the European Union, which took place in the second semester of 2007, decided to hold almost all its technical and informal meetings in permanent premises. The chosen venue was the Pavilhão Atlântico, situated in Lisbon's most recent neighbourhood, the Parque de Nações, built for the International Exhibition of 1998.

The Pavilhão Atlântico is a multipurpose building for sports and cultural events, consisting of a large hall (Sala Atlântico), a smaller space (Sala Tejo), an area for meetings and associated administrative offices. Since the date of its inauguration as one of the pavilions of Expo 98, it became the largest hall in the city, with a capacity for 16,500 spectators. Designed by the architects Skidmore, Owens and Merrill (SOM) and Regino Cruz, this building has become one of the landmarks of the new district, because of its shell-like roof.

Escada de serviço

Service stairway

44 As Instalações Permanentes da Presidência Portuguesa, que incluíram salas de reuniões alargadas e bilaterais, zonas de trabalho para os delegados de todos os países, Centro de Imprensa permanente e respectivas salas de conferências de imprensa (com capacidade para 120 jornalistas), ficaram situadas na Sala Tejo e no Centro de Negócios, que para esse efeito foram alugados entre Abril de 2007 e Janeiro de 2008.

Para a Reunião Informal de Chefes de Estado, que decorreu nos dias 18 e 19 de Outubro de 2007, foi também projectada pela *Baixa, Atelier de Arquitectura* uma extensão das Instalações Permanentes na Sala Atlântico e no Pavilhão I da FIL. Aí foram criados espaços de trabalho para os cerca de 1400 jornalistas e repórteres, bem como um conjunto alargado de salas de conferências de imprensa.

O projecto, iniciado em Setembro de 2006, transformou um espaço multiusos vazio, com uma área de 2810 m^2 e uma

The Permanent Installations of the Portuguese Presidency, with rooms for both large-scale and bilateral meetings, working areas for the delegates from the many different countries, a permanent Press Centre and the respective press conference rooms (each seating up to 120 journalists), occupied the Sala Tejo and the Business Centre, which was rented for the purpose between April 2007 and January 2008.

The architectural firm *Baixa, Atelier de Arquitectura* also designed an extension to the Permanent Installations for the Informal Meeting of Heads of State, which took place on 18th and 19th October 2007, and would occupy the Sala Atlântico and Pavilhão I of the Lisbon International Fair (FIL). Working areas for 1400 journalists and reporters were provided, together with a series of press conference rooms.

The project, which was launched in September 2006, transformed the

Sala Tejo

A Sala Tejo antes e durante a intervenção

Sala Tejo

The Sala Tejo before and during works

altura de 15 m, num complexo palco destinado a um evento político, com um total de 7550 m² distribuídos por três níveis. Os aspectos relacionados com a ligação à envolvente imediata, em termos de estrutura, de viabilização de acessos, de infra-estruturas técnicas e de imagem, eram particularmente críticos. A intervenção tinha um evidente carácter efémero, temporário. Deveria ser projectada e construída num período muito curto e, no final, desmontada integralmente, sem deixar marcas da sua existência. Contraditoriamente, porém, a representatividade do programa funcional implicava valores de solidez e consistência, tanto em termos físicos como simbólicos.

O diálogo com especialistas das empresas fornecedoras e construtoras desenvolvido ao longo do processo de projecto permitiu potenciar o recurso a processos, materiais e equipamentos com origem portuguesa. O resultado pode ser entendido como uma demonstração da criatividade e da capacidade de realização de Portugal.

empty multipurpose building, with 2810 sq. metres in area and 15 metres in height into a complex scenario for political events, totalling 7550 sq. metres spread over three levels. The relationship with the immediate surroundings, from the viewpoints of structure, viability of access, technical infrastructures and image were particularly critical. The intervention was to be eminently ephemeral and temporary in character and everything had to be designed and built in record time and completely dismantled afterwards leaving no sign of its previous presence. In contradiction with this, however, the functional programme established standards of solidity and consistency, from both the physical and the symbolic standpoints.

Regular meetings held throughout the project with specialists from suppliers and contracting firms allowed full advantage to be taken of processes, materials and equipment of Portuguese origin.

PORTUGAL

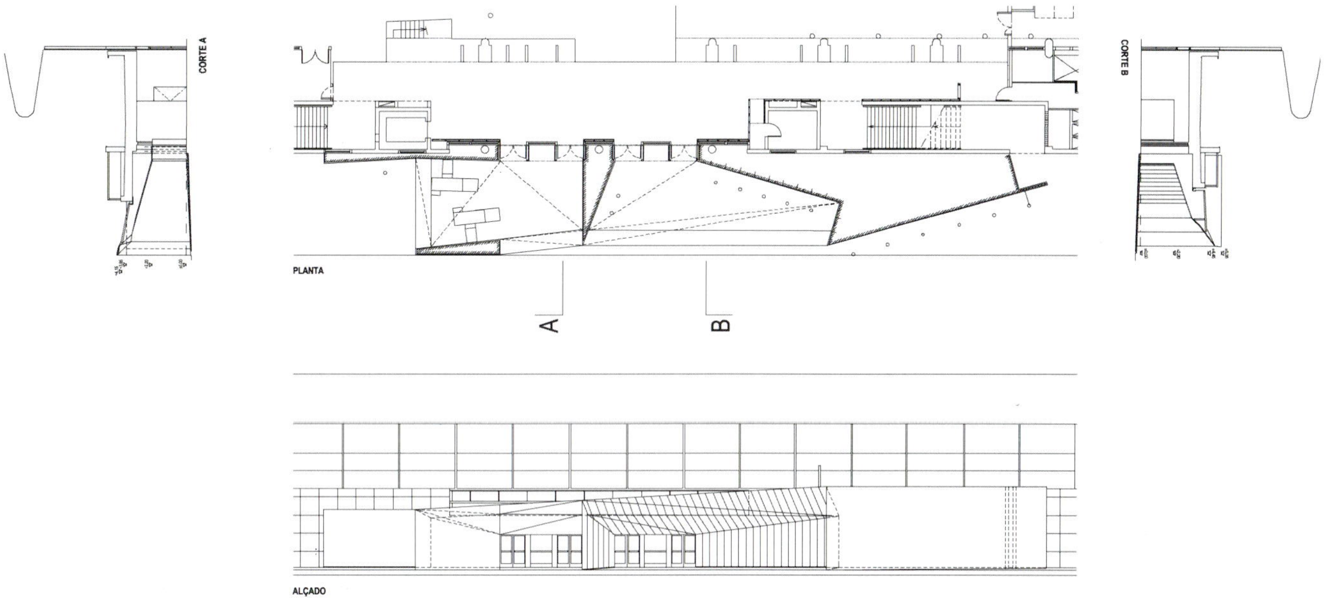

Entrada e recepção

Os ministros e chefes de Estado chegam ao lugar do acontecimento através da nova entrada para a Sala Tejo, com o seu "tapete vermelho". A entrada dos delegados, em azul, desagua no mesmo átrio.

Entrance and reception area

Upon arriving, Ministers and Heads of State entered by the new entrance to the Sala Tejo, with its "red carpet". The delegates, identified by their blue badges, were also directed to the same lobby area.

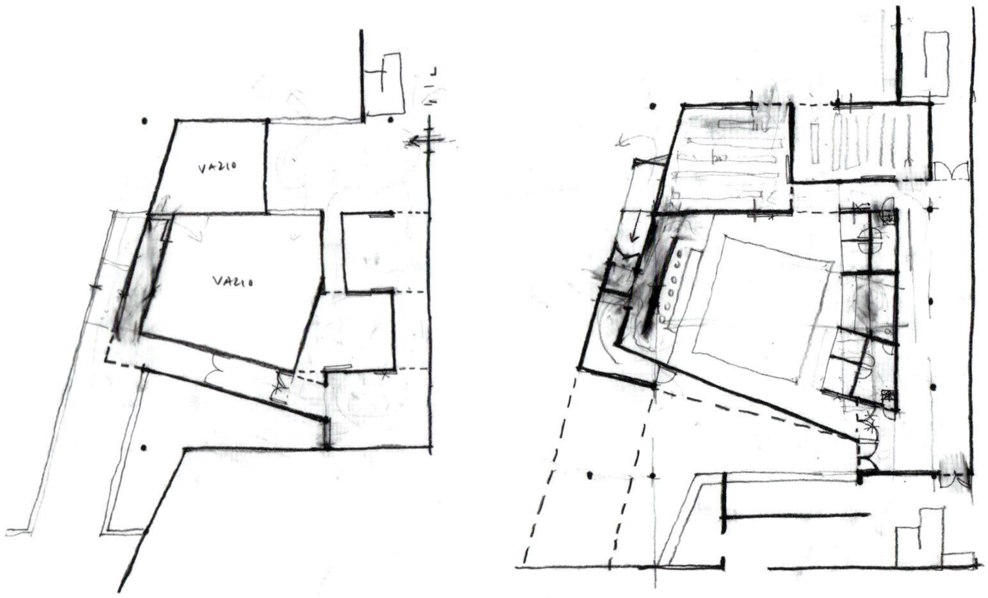

Átrio de distribuição

Na zona de entrada conforma-se um átrio com uma série de rampas e escadas, através das quais se acede aos vários pisos. Os vazios definidos entre elas permitem-nos olhar sobre as diferentes zonas, em perspectivas enquadradas por passagens, janelas e zonas de pé-direito duplo ou triplo. A cor encarnada das paredes indica os percursos mais condicionados e a azul os que são abertos a todos os delegados.
Na imagem da direita vê-se o volume prateado da sala de imprensa, que assim se revela no espaço distributivo.

Entrance hall

The entrance area comprised a hall with a series of stairways and ramps leading to the different floors. The connecting areas offered a perspective of passageways, windows and zones with two and three-floor ceiling height. The red colour of the walls identified more restricted areas and the blue the areas accessible to delegates. The right-hand picture shows the silvery volume of the press room as seen from the lobby.

"Passos Perdidos"

Este espaço é um átrio de transição no qual os políticos podem encontrar-se informalmente com os seus assessores e com os jornalistas. O espaço ganha importância através da sua generosidade e transforma-se num elemento que estabelece a ligação, física e visual, entre todas as partes do conjunto. Este é o único ponto onde se mantém toda a altura disponível na Sala Tejo, revelando o novo objecto que para ela foi desenhado e construído. Nos topos da nova construção são visíveis os seus elementos constituintes.

Lobby area

This space was a transitional area where politicians could meet informally with their advisors and with journalists. The importance of the area derived from its spaciousness and its physical and visual connection to the different areas. This was the only point where the whole available height of the Sala Tejo was exploited, focussing attention on the new feature which was specially designed and built for it. The constituent elements were left visible at the top ends of the new construction.

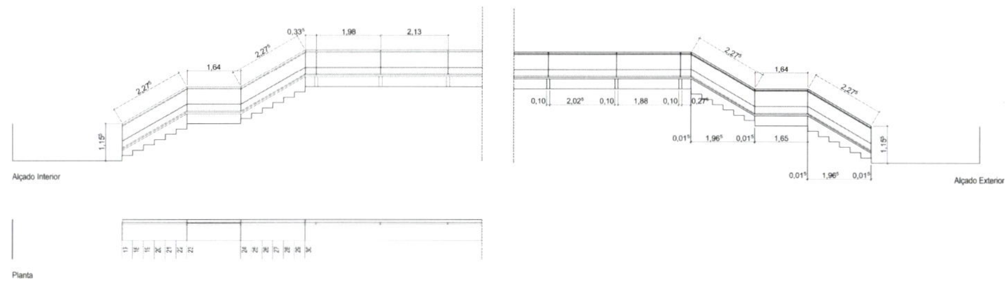

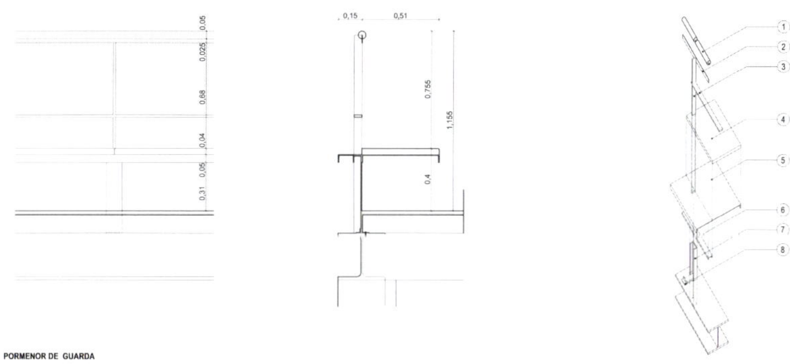

LEGENDA

1.corrimão cilíndrico em aglomerado de cortiça, • 5 cm
2.chapa metálica de encaixe do corrimão, 2X50mm
3. barra metálica de suporte, 15 x 50 mm
4.revestimento de aglomerado de cortiça
5.assento em chapa quinada
6.chapa de fixação dos assentos aos UPN's
7.UPN 10 mm
8.elementos de fixação em chapa quinada

CONSTITUIÇÃO

Guarda constituida por barras metálicas de 15 x 50mm e com assento revestido a aglomerado de cortiça sobre perfis estruturais.

ACABAMENTO

Elementos metálicos metalizados a projecção de zinco e verniz celuloso.

PORMENOR DE GUARDA

0 0.5 1 2

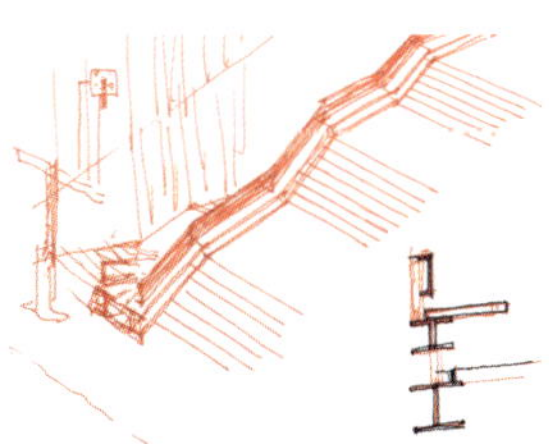

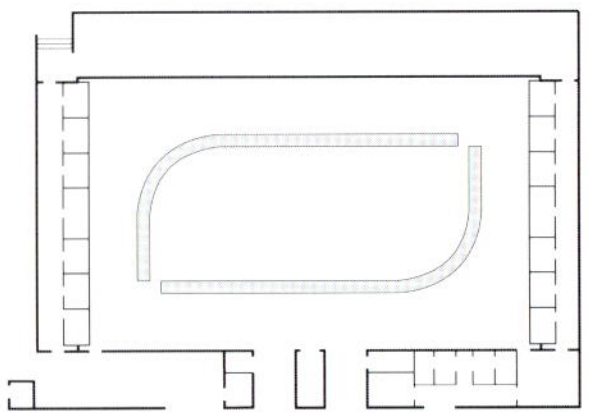

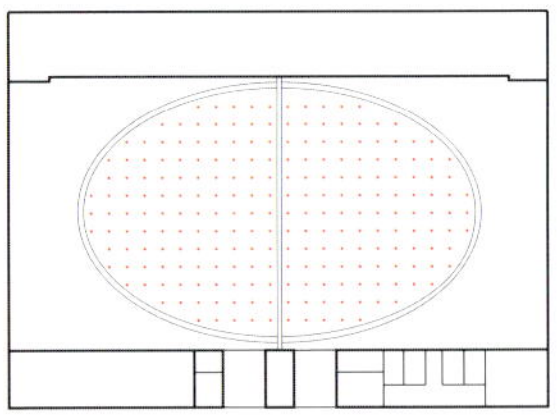

Sala Nónio

Esta sala, com o seu marcante "anel de lamelas", era destinada aos eventos da Presidência Portuguesa que reuniam um maior número de participantes. Os desenhos em cima mostram a disposição do mobiliário e da iluminação.

Sala Nónio

This room, with its ring of lamellae, was designed for the events of the Portuguese Presidency which had a greater number of participants. The drawings above show the furniture and lighting layout.

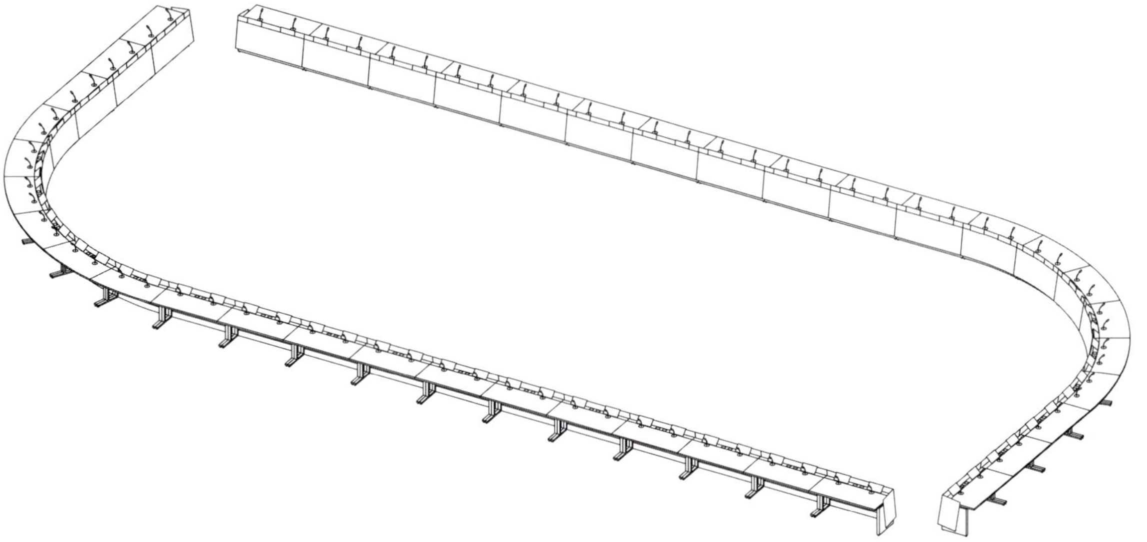

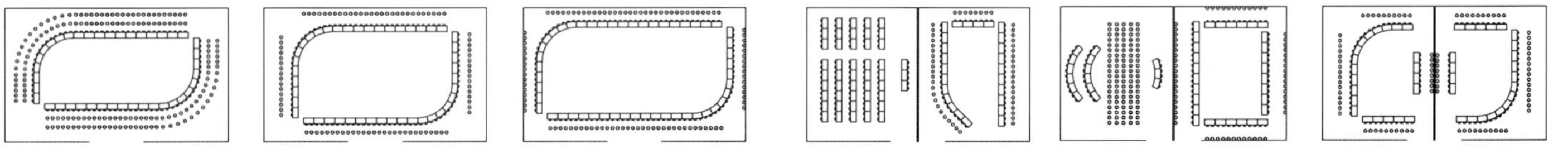

Sala Nónio (cont.)

No desenho da grande mesa privilegiou-se a continuidade formal, capaz de diluir as hierarquias do protocolo. A modulação permitie dar resposta às necessidades colocadas pelos diferentes tipos de encontros.

Sala Nónio (cont.)

In the design of the great table, emphasis was given to formal continuity in an attempt to attenuate the strict hierarchical protocol. The modular structure allowed it to respond to the requirements of the different types of meetings.

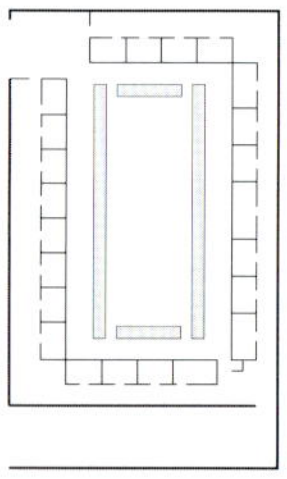

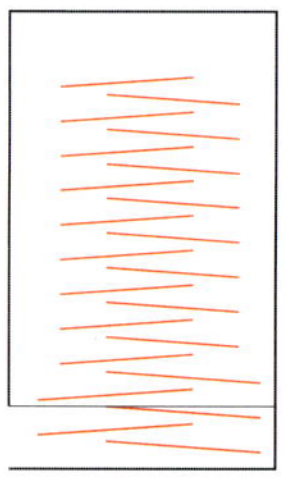

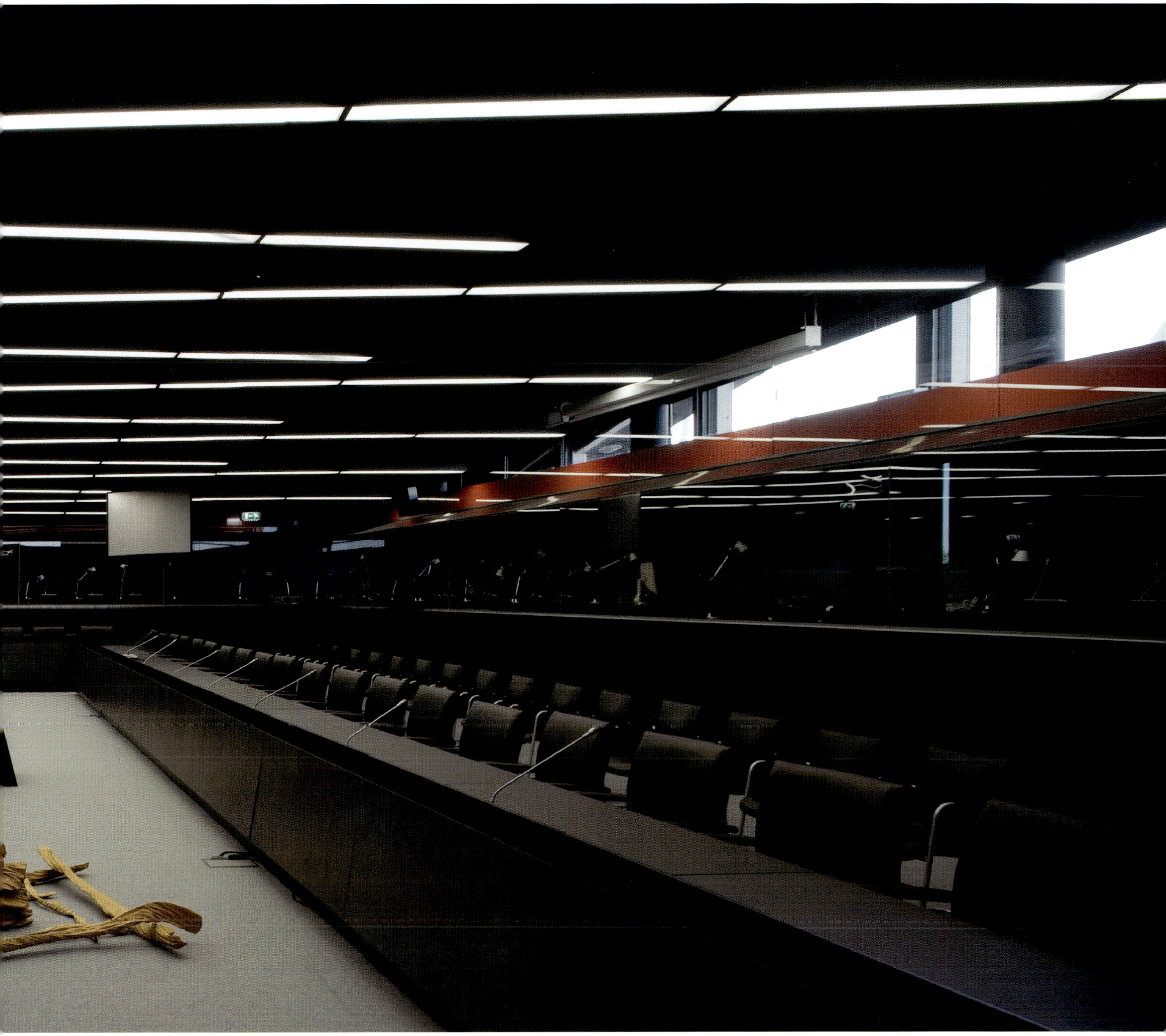

Sala Astrolábio

Com menores dimensões, esta sala estava reservada às reuniões mais restritas. Ao contrário daquilo que sucedeu na Sala Nónio, aqui foi possível garantir a entrada abundante de luz natural.

Sala Astrolábio

Smaller in scale, this room was reserved for more restricted meetings. Unlike the Sala Nónio, it was possible, in this case, to ensure abundant natural lighting.

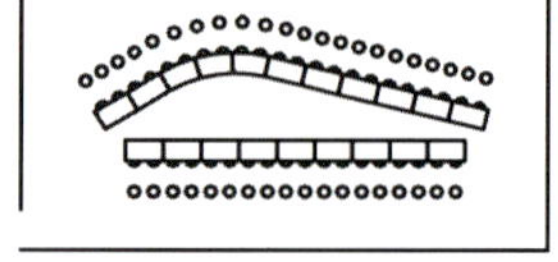

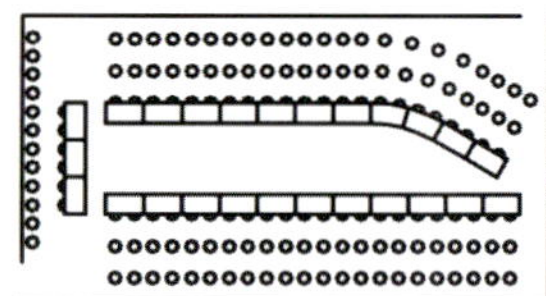

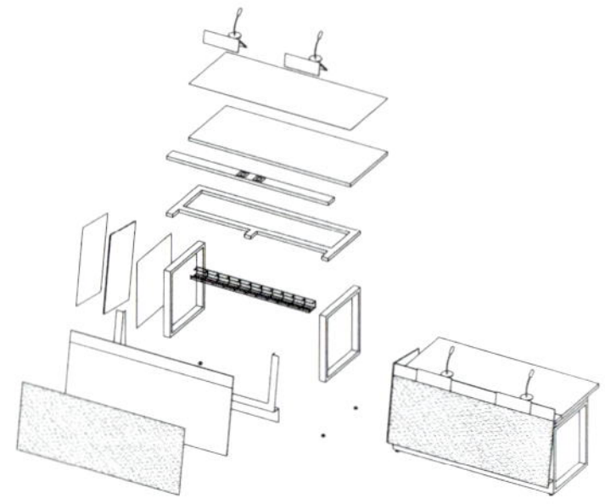

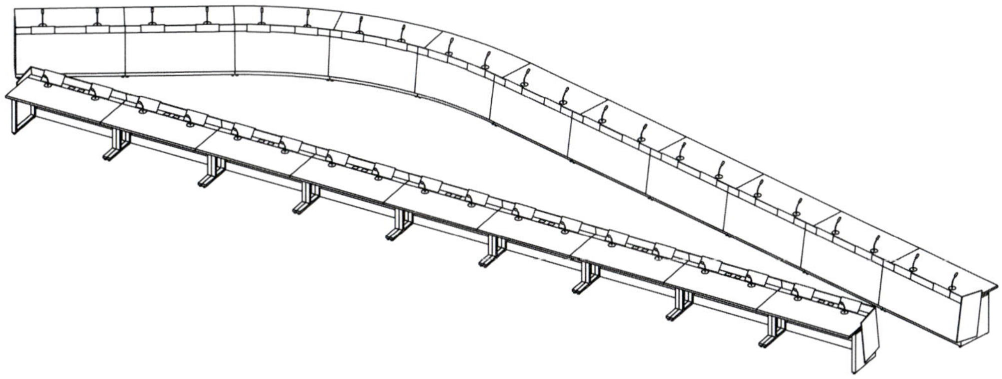

Sala Astrolábio (cont.)
Em ambas as salas de reunião, Nónio e Astrolábio, havia lugar para assessores, em segunda ou terceira fila, à frente das indispensáveis cabines de interpretação simultânea. Estas cabines, que ocupavam a periferia das salas na sua quase totalidade (Astrolábio) ou parcialmente (Nónio) eram suficientes para servir todas as línguas da União Europeia.

Sala Astrolábio (cont.)
In both meeting rooms, Nónio and Astrolábio, advisors sat in the second and third rows in front of the indispensable simultaneous translation booths for each of the European languages, which occupied almost the whole of the periphery of the Astrolábio and part of the Nónio room.

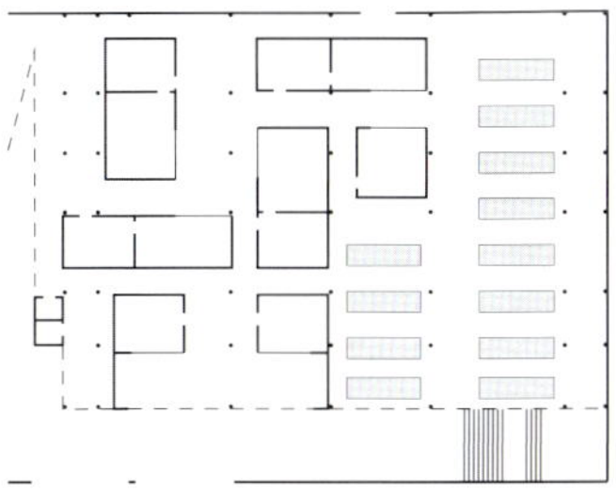

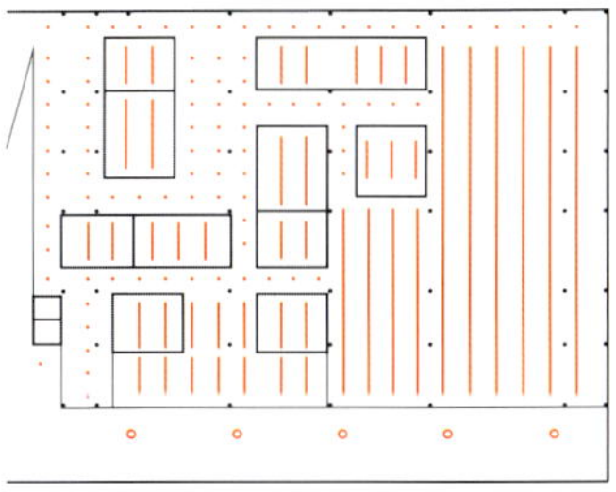

Delegados

A zona de trabalho das delegações de cada país participante situava-se no piso 0, abaixo das salas de reunião. Para além dos postos destinados aos delegados, com os respectivos equipamentos de apoio, este piso era ocupado por uma série de gabinetes para o pessoal residente da organização, bem como áreas de repouso e *coffee break*.

Delegates

The working area for the members of the different national delegations was on level 0, below the meeting rooms. In addition to the units for delegates with supporting equipment, the floor was occupied by a series of offices for resident staff, together with leisure zones and coffee break facilities.

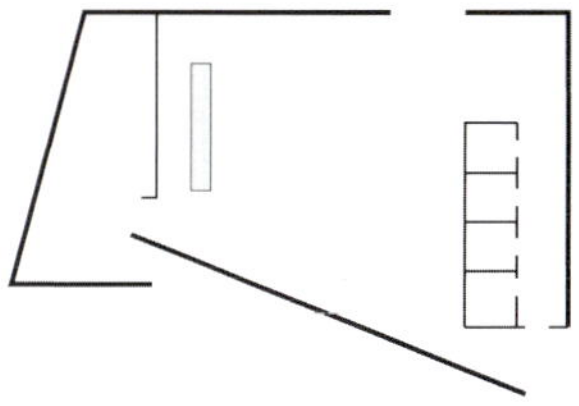

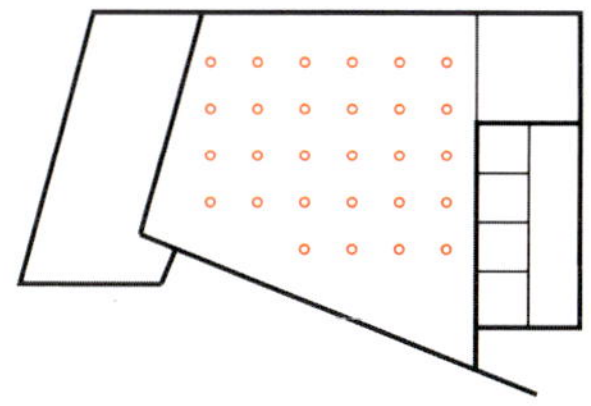

Salas de conferência de imprensa

As salas de conferência de imprensa são pontos de encontro entre as áreas azul e amarela, correspondentes às delegações e à imprensa, respectivamente. Os conferencistas entram sempre pela cabeceira da sala e os jornalistas pelo lado contrário. A sala principal, com duplo pé-direito, é visível a partir das janelas do piso superior. A escada de ligação entre a zona de trabalho dos jornalistas e as salas de conferências debruça-se sobre os "Passos Perdidos".

Briefing Rooms

The Press Conference rooms were meeting points for the blue and yellow zones, for delegates and press, respectively. The speakers always entered the room at the top end and the journalists at the opposite end. The main room with its two-storey ceiling height could be seen from the upper floor windows. The connecting stairway between the journalists' working area and the Press Conference rooms overlooked the lobby.

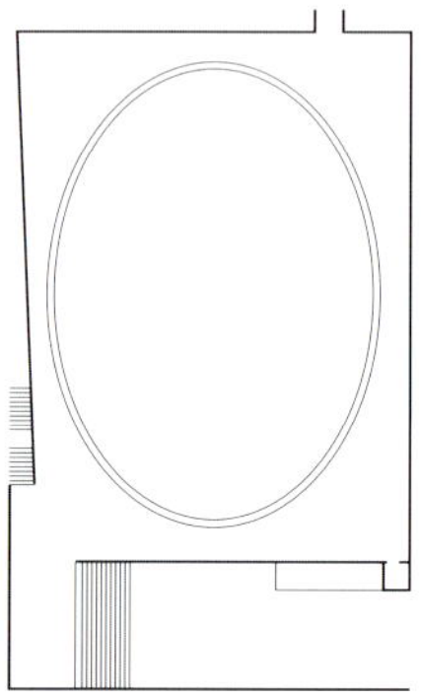

Deambulatório

Esta área de descompressão e estar dá forma ao vazio deixado entre a nova construção e o invólucro da Sala Tejo. A proximidade do vigamento estrutural de madeira tem o seu contraponto na perspectiva larga sobre o horizonte. Espaço de ligação ao restaurante e aos terraços do Pavilhão, retoma as cores do logótipo da Presidência Portuguesa.

Walkway

This relaxation and leisure area gave purpose to the empty space between the new construction and the outer shell of the Sala Tejo. The proximity of the timber beam structure contrasts with the broad view of the horizon. In this connecting space between the restaurant and the terraces of the Pavilhão, the colour scheme of the Portuguese Presidency was again employed.

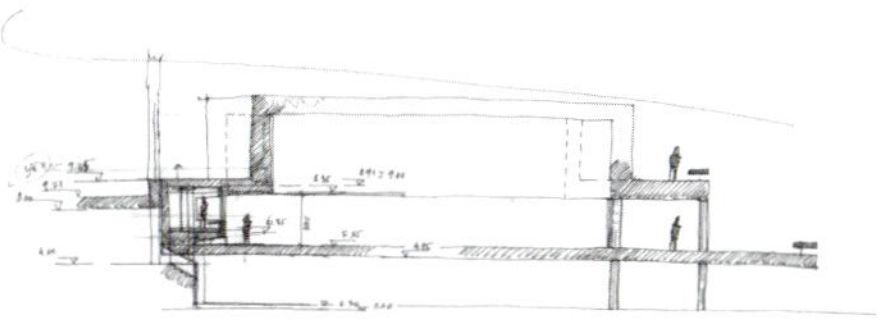

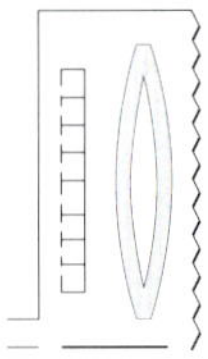

Restaurante

Também aqui o horizonte enquadra a perspectiva. O serviço de refeições era complementado pela interpretação simultânea, de forma a permitir o uso do restaurante também como sala de reuniões.

Restaurant

Here again there was a broad view of the horizon. The meal service was complemented by simultaneous interpreting, allowing the use of the restaurant as a meeting room.

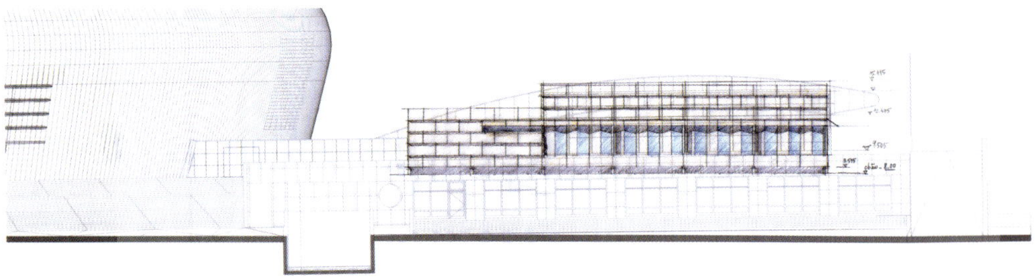

Restaurante (cont.)

Embora toda a obra fosse projectada para ser desmontada no final, o volume exterior sobre o terraço poente, onde funcionou o restaurante, foi mantido e irá permanecer com a mesma função. Esta decisão implicará a realização de uma obra para tornar permanente uma estrutura que foi pensada como efémera.

Restaurant (cont.)

Despite the fact that the whole construction was designed to be dismantled at the end, the external volume on the western terrace in which the restaurant was situated, was maintained and will continue to operate as such. The decision made it necessary to carry out works to make this structure, which was designed to be ephemeral, permanent.

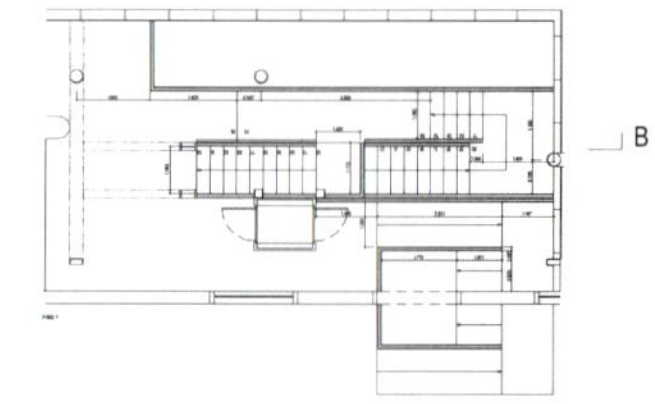

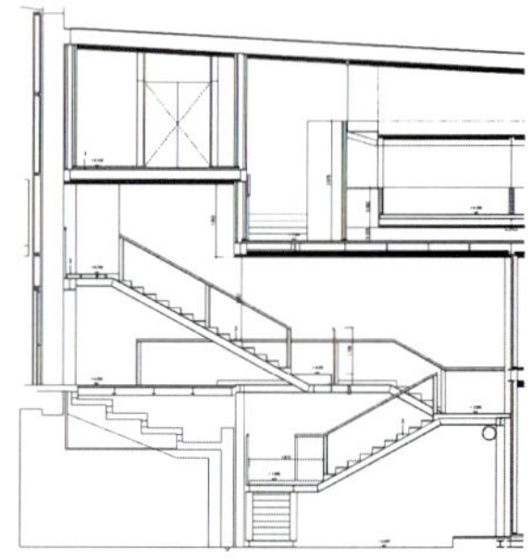

Construção

Optou-se por uma arquitectura de secos, realizada no essencial com elementos pré-fabricados e montados em estaleiro, revestidos com materiais que não requeriam acabamento *in situ* e escolhidos com base na oferta da indústria nacional. Recorreu-se a uma estrutura metálica, incluindo as guardas de escadas e varandins e a subestrutura das compartimentações secundárias, cujos elementos fundamentais foram aparafusados. Nos revestimentos de paredes e portas fez-se largo uso de painéis de aparas de madeira de alta densidade colorida, cujas superfícies chegaram à obra já acabadas. Apostou-se deste modo em trabalhos de colagem, aparafusamento, etc., evitando-se rebocos, gessos e pinturas. Já no decurso da obra, a opção inicial de revestir todos os pavimentos com aglomerado de cortiça com borracha acabaria por dar lugar a uma alcatifa contínua e neutra.

Construction

It was decided to employ "dry" building techniques, essentially using prefabricated modules assembled in the contractor's yard, covered with materials which did not require in situ finishing and selected according to the availability of national manufacturers. A steel structure was employed, including protections for stairways and balconies as well as the substructure of secondary compartment walls, the fundamental elements of which were screwed together. High-density, coloured hardboard panels, delivered on site with fully finished surfaces, were widely used, so that by using adhesives and screwed panels in this way, plastering and paintwork was largely avoided. During the works, the original choice of cork-rubber agglomerate flooring was abandoned in favour of neutral-coloured wall-to-wall carpeting.

Complexidade e ordem

A complexidade da escada de serviço decorre da necessidade de compatibilizar todos os percursos das novas funções com os acessos e os pisos pre-existentes. Os elementos técnicos (cabos eléctricos, ar condicionado, pilares...) foram usados como base para o ordenamento e a composição do espaço.

Complexity and order

The complexity of the service stairway was due to the need to compatibilise all the new circulation routes with the pre-existing accesses and floors. The technical features (electric cables, air conditioning, columns...) were used as the basis for the organization and composition of the space.

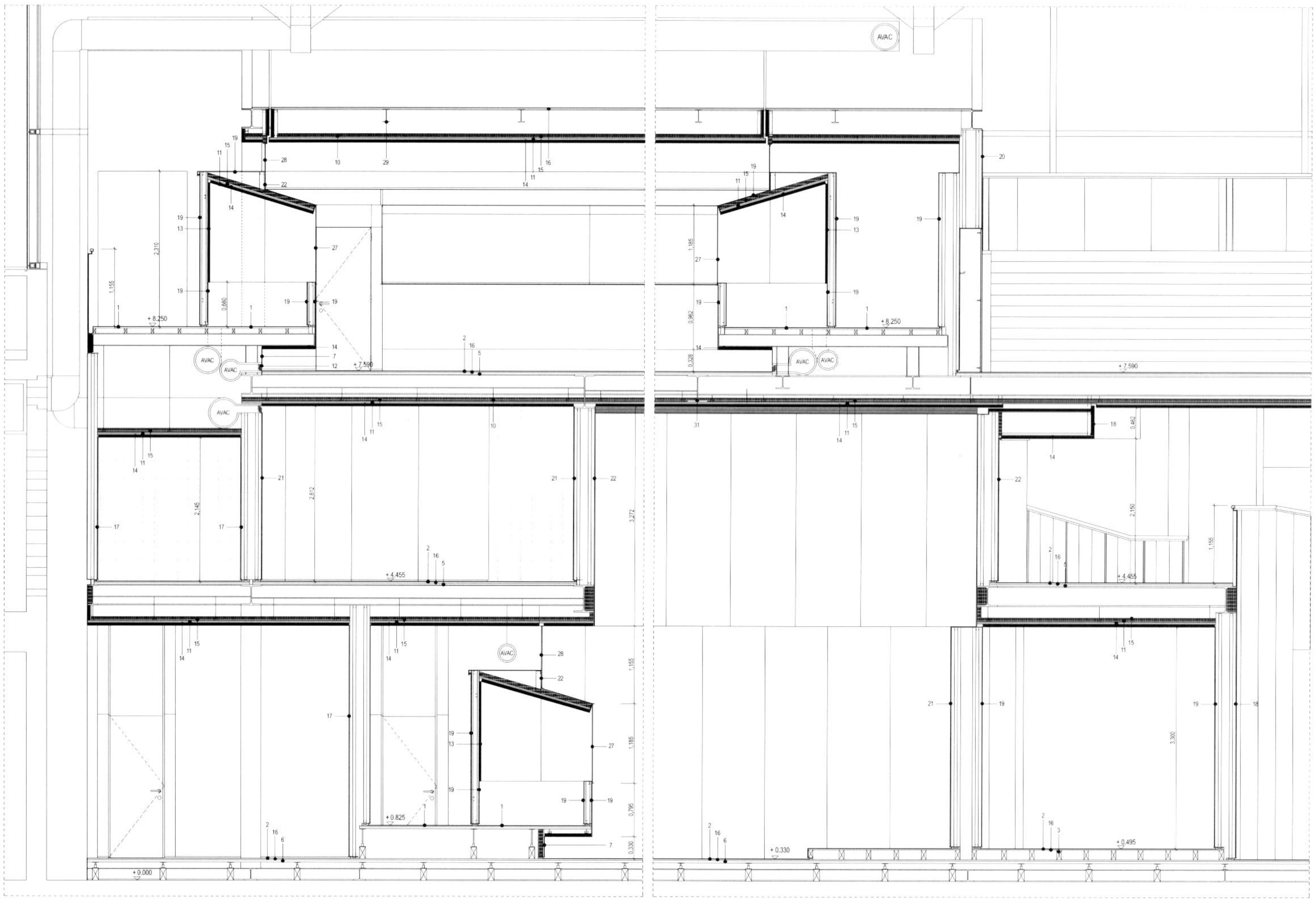

1. Alcatifa de esmagamento 2. Alcatifa industrial 3. Barrotes de madeira 4. Barrotes de madeira de 40x80 mm 5. Contraplacado multicamadas (1000 x1000 mm), esp. 30 mm 6. Contraplacado multicamadas (1000 x1000 mm), esp. 40 mm 7. Chapa zincada 8. Desencontro de tectos para saída de ar 9. Espelho, esp. 6 mm 10. Estrutura metálica suporte tecto falso 11. Gesso cartonado 15 + 15 mm 12. Grelha de avac 13. Lã mineral com acabamento a tecido, esp. 25 mm, preto 14. Lã mineral com acabamento a tecido, esp. 40 mm, preto 15. Lã mineral 50kg/m^3, esp. 60 mm 16. OSB, esp. 18 mm 17. Painel de mdf colorido, esp. 8 mm, amarelo 18. Painel de mdf colorido, esp. 8 mm, azul 19. Painel de mdf colorido, esp. 8 mm, preto 20. Painel de mdf colorido, esp. 8 mm, encarnado 21. Painel mdf folheado com folha de madeira natural tola dourada esp. 8 mm 22. Painel mdf com aplicação de laminado metálico, latão escovado, esp. 8 mm 23. Painel mdf com superfície metálica espelhada, esp. 8 mm 24. Porta acústica 25. PVC rígido 26. Sistema de roldana para portas 27. Vidro laminado 4/4.2 28. Vidro laminado 6/6.2 29. IPE 200 30. HEB 300 31. HEB 400.

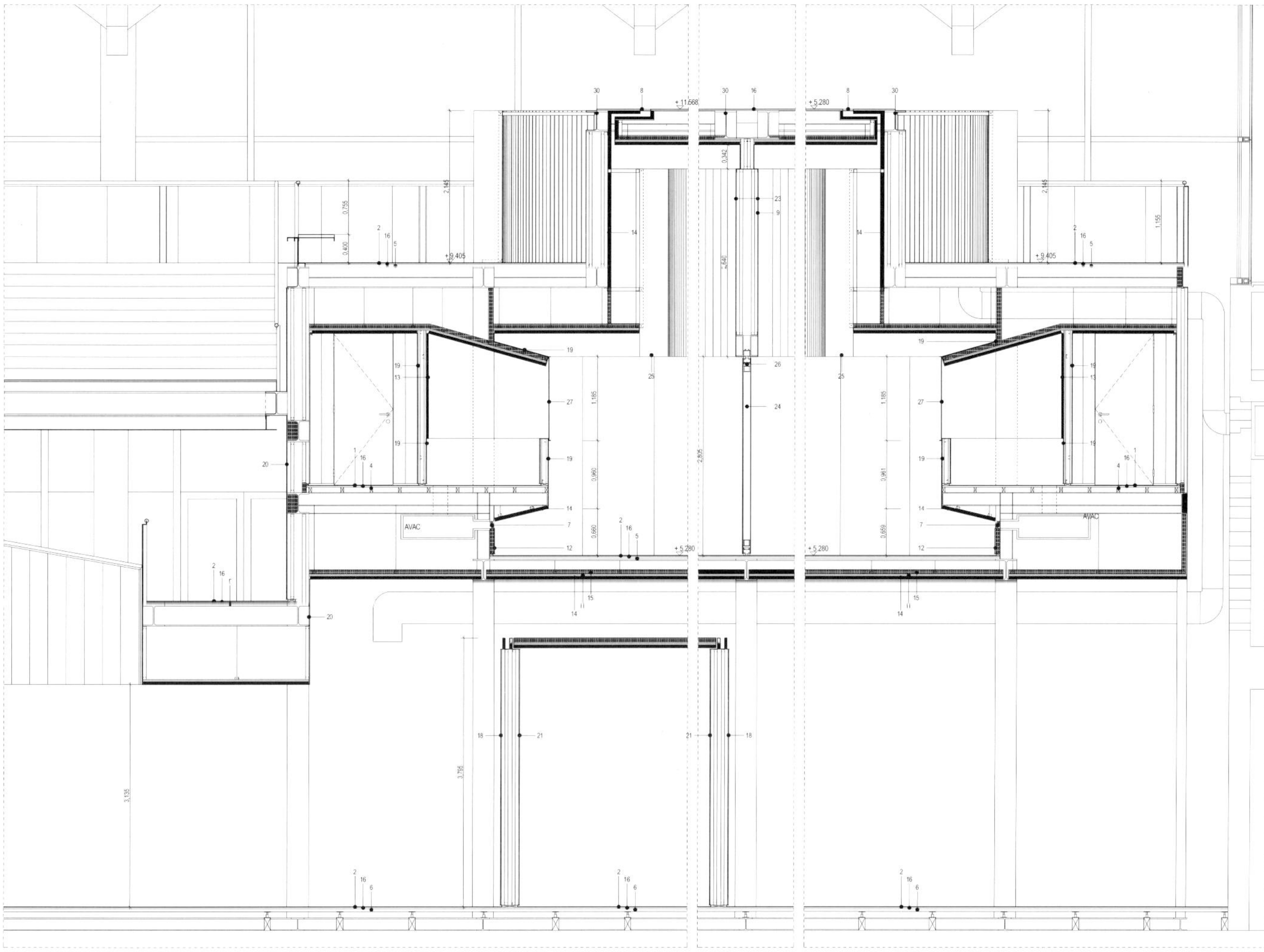

1. Carpet underlay 2. Industrial carpeting 3. Timber beams 4. Timber beams 40 x 80mm 5. Multilayered hardboard (1000 x 1000 cm) 30 mm thick 6. Multilayered hardboard (1000 x 1000 cm) 40mm thick 7. Zinc-coated sheeting 8. Gap between ceilings for ventilation 9. Mirror glass 6 mm thick 10. Metal supporting structure for false ceiling 11. Gypsum board 15 + 15 mm 12. Heating, ventilation, air-conditioning grille 13. Rock wool blanketing, 25 mm thick, black 14. Rock wool blanketing, 40 mm thick, black 15. Rock wool 50kg / m^3 60 mm thick 16. Sterling board 18 mm thick 17. Coloured MDF panelling, 8mm thickness, yellow 18. Coloured MDF panelling, 8mm thickness, blue 19. Coloured MDF panelling, 8 mm thickness, black 20. Coloured MDF panelling, 8 mm thickness, red 21. MDF panelling with natural veneer in white tola, 8 mm thick 22. MDF panelling with brushed-brass laminate finishing, 8mm thick 23. MDF panelling with mirrored metal laminate, 8 mm thick 24. Soundproof door 25. Rigid PVC 26. Sliding door system 27. Laminated glazing 4/4.2 28. Laminated glazing 6/6.2 29. IPE 200 30. HEB 300 31. HEB 400.

Lustre
A sequência de desenhos mostra a variação na posição dos elementos de iluminação do restaurante, de forma a constituir um lustre de salão nobre.

Chandelier
The sequence of drawings shows the change in the position of the restaurant lighting units to create a chandelier in the main room.

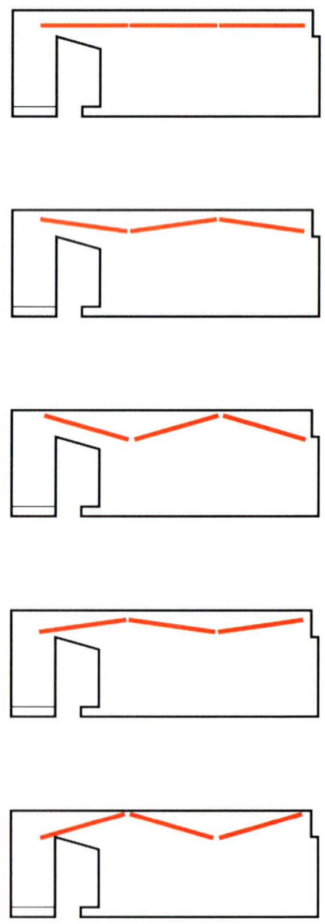

Iluminação

Os equipamentos de iluminação foram chamados a contribuir de um modo muito activo para a caracterização dos diversos ambientes (espaços de trabalho, de circulação ou de repouso).

A partir de equipamentos elementares e formalmente despojados (na generalidade, produtos de série concebidos por autores portugueses) foi criada uma série de composições que, através da repetição rítmica, da ordem geométrica e da escala, permitiu acentuar os percursos, distinguir unidades funcionais, marcar as zonas de maior excepcionalidade do conjunto, promovendo a diversidade na unidade.
O efeito alcançado em cada caso parece juntar uma certa solenidade e um carácter festivo a um sentido colectivo, quase urbano.

Lighting

Lighting equipment was called upon to play an active part in the characterization of the different environments (working spaces, circulation or leisure areas).

Using simple, plain equipment (generally speaking, mass-produced lighting by Portuguese designers) a series of compositions were created which exploited rhythmical and geometrical repetitions on different scales to accentuate routes, distinguish functional units, draw attention to the outstanding parts of the building and to suggest diversity within unity. In each case, the effect was to ally a certain solemnity and festivity to collective, almost urban characteristics.

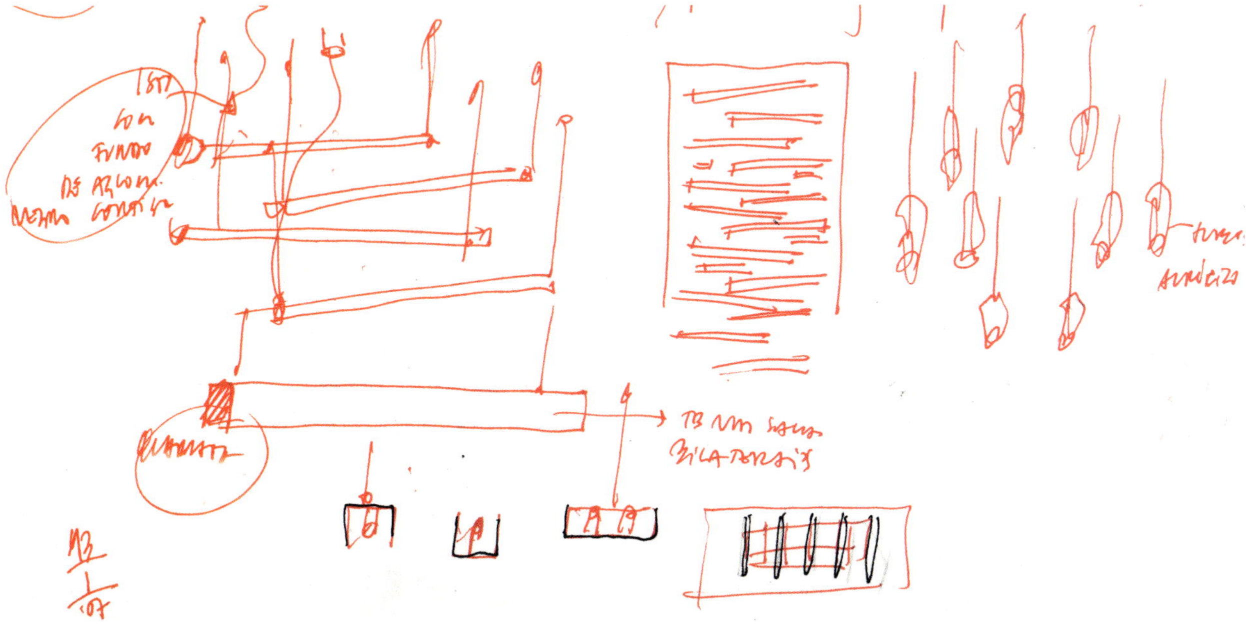

Equipamento e mobiliário

Foi uma preocupação da equipa de projecto que o equipamento e o mobiliário se adequassem de um modo íntimo à caracterização espacial e arquitectónica do conjunto e às diferentes solicitações e valências funcionais decorrentes dos eventos previstos. Pelo seu carácter único, excepcional, distintivo, as grandes mesas de reuniões e a mesa do restaurante mereceram um especial investimento. Na prática foi concebido um sistema coordenado de componentes estandardizados, de construção muito simples, capaz de permitir uma utilização flexível e intermutável e a derivação numa série de variantes e de combinações adaptadas à natureza de cada situação (mesas de reunião, presidência de conferências de imprensa, reuniões bilaterais; balcões de atendimento, de bengaleiro, de distribuição de jornais...), garantindo a coerência do conjunto da intervenção e a sobriedade da imagem nas situações mais mediatizadas.

Equipment and furniture

One of the design team's concerns was that the equipment and furniture should harmonise closely with the spatial and architectural character of the whole design, whilst responding to the diversity of functional requirements and range of planned events. Because of their unique, exceptional and distinctive importance the great meeting tables implied a special investment of time and energy. In practice a coordinated system was created employing standardised components and simple construction techniques to allow flexible and interchangeable use for a wide range of occasions (meeting tables, press conferences, bilateral meetings, reception counters, newspaper distribution...), ensuring overall consistency and sobriety of image in the more mediatic situations.

Regra e excepção

As mesas de conferência de imprensa são variantes das grandes mesas de reunião. Os assentos especialmente projectados para a Reunião Informal de Chefes de Estado nunca chegaram a ser construídos.

Rule and exception

The Press Conference tables are variants on the great tables for the meeting rooms. The seats which were specially designed for the Informal Meeting of Heads of State were never made.

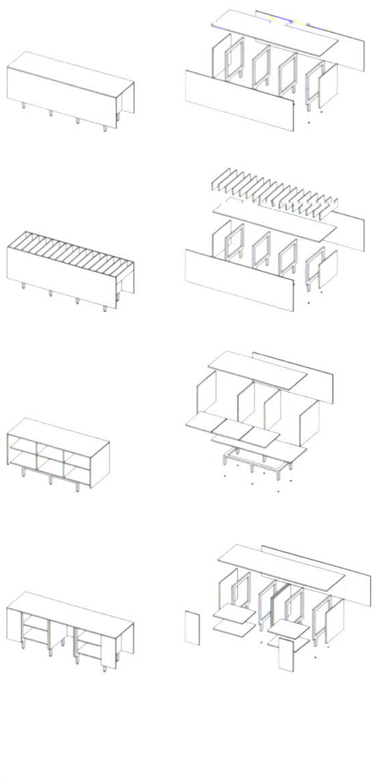

Projecto Geral de Arquitectura | General Architectural Design

Baixa, Atelier de Arquitectura, Lda. Pedro Ravara, Nuno Vidigal e João Paulo Martins, arquitectos

Colaboração | Collaboration

Eva Grillo, Ana Grácio, Fabiana Pavel, Maria Marques, Bruno Maltez, Filipe Barrocas, Tetsuya Maruyama, arquitectos;

Nuno Caniça e Pedro Baptista, Designers

Projecto de Estabilidade | Structural engineers

BETAR – Estudos e Projectos de Estabilidade, Lda.

Miguel Vilar e Sérgio Sousa Martins, engenheiros civis

Projecto de Condicionamento Acústico | Acoustic Design

Fernando Palma Ruivo, engenheiro

Projecto de Instalações Técnicas Especiais | Special Technical Installations

Tecnopert – Projecto e Planeamento, Lda.

Imagem Gráfica | Graphic Design

Albuquerque Designers

Gestão e Fiscalização de Obra | Construction management and project supervision

Engexpor – Consultores de Engenharia

Construção | Construction

Martifer (Estruturas | structural contractors)

Teixeira Duarte (Empreiteiro Geral | General Contractors)

Dono da obra | Client

Missão da Presidência, Ministério dos Negócios Estrangeiros de Portugal

Datas da obra | Duration of Work

10/2006 a 02/2007 (projecto | design); 02/2007 a 06/2007 (obra | works); 01/2008 (desmontagem | dismantling)

Área de constução | Area of Construction

7550,00 m^2 (Sala Tejo), 1126,00 m^2 (Centro de Negócios)

Valor orçamentado | Estimated costs

7.000.000,00 euros

Baixa, Atelier de Arquitectura

Foi fundado em 1991 por Pedro Ravara e Nuno Vidigal e tem sede em Lisboa. João Paulo Martins é associado ao atelier desde 2006.

Founded in 1991 by Pedro Ravara and Nuno Vidigal, with offices in Lisbon. João Paulo Martins has been associated with the studio since 2006.

Pedro Ravara

Nasceu em Lisboa em 1964. Licenciado em Arquitectura pela Faculdade de Arquitectura da Universidade Técnica de Lisboa em 1988. Entre 1991 e 1993 viveu e estudou nos Estados Unidos, onde concluiu o Master of Architecture and Building Design (grau de Mestrado) pela Universidade de Estado de Nova Iorque, em 1993. Assistente na Faculdade de Arquitectura da Universidade Técnica de Lisboa desde 1998 e Professor Convidado do College of Architecture and Landscape Architecture da Universidade do Estado do Minnesota desde 1998. Actualmente, trabalha na sua dissertação de Doutoramento. Entre 1988 e 1991 viveu e trabalhou em Macau, onde colaborou no atelier Manuel Vicente. Colaborou nos ateliers de Manuel Graça Dias e de João Luís Carrilho da Graça, entre 1996 e 1998.

Born in Lisbon in 1964. Graduated in Architecture at the Faculty of Architecture of the Universidade Técnica de Lisboa in 1988. Lived and studied in the United States between 1991 and 1993 where he completed a Masters degree in Architecture and Building Design at New York State University in 1993. Assistant Lecturer at the Faculty of Architecture since 1998 and Visiting Lecturer at the College of Architecture and Landscape Architecture of Minnesota State University since 1998. Working at present on his Doctoral dissertation. Lived in Macao between 1988 and 1991, where he worked in the studio of Manuel Vicente. Worked in the studios of Manuel Graça Dias and João Luis Carrilho da Graça between 1996 and 1998.

Nuno Vidigal

Nasceu em Lisboa em 1964. Licenciado em Arquitectura pela Faculdade de Arquitectura da Universidade Técnica de Lisboa em 1988. Lecciona na Escola Superior de Design do Instituto de Artes e Design de Lisboa (IADE), desde 1998. A partir de 2007 foi-lhe atribuido o Grau de Professor Auxiliar convidado. Integrou a Comissão de Apreciação dos Relatórios Curriculares de Admissão à Ordem dos Arquitectos de 2003 até 2007. Colaborou com o Departamento de Projectos Municipais da Câmara Municipal de Cascais, entre 1988 e 1990. Colaborou no atelier de Manuel Graça Dias entre 1986 e 1988 e com o atelier dos arquitectos Egas de Vidigal Vieira e Victor Manuel Rodrigues entre 1988 e 1992.

Born in Lisbon in 1964. Graduated in Architecture at the Faculty of Architecture of Universidade Técnica de Lisboa, in 1988. Has lectured, since 1998, at the Higher School of Design of the Lisbon Institute of Art and Design (IADE). In 2007 he was attributed the post of Auxiliary Professor. Was a member of the committee to analyse curricular reports for admission to the Order of Architects, between 2003 and 2007. Worked for the Department of Municipal Design of the Cascais City Council between 1988 and 1990. Worked in the studio of Manuel Graça Dias between 1986 and 1988 and in the studio of the architects Egas de Vidigal Vieira and Vitor Manuel Rodrigues between 1988 and 1992.

João Paulo Martins

Nasceu em Lisboa em 1965. Licenciado em Arquitectura pela Faculdade de Arquitectura da Universidade Técnica de Lisboa em 1988. Mestre em História da Arte pela Faculdade de Ciências Sociais e Humanas da Universidade Nova de Lisboa, em 1995. Doutor em Arquitectura pela Faculdade de Arquitectura da Universidade Técnica de Lisboa. É Professor Auxiliar na Faculdade de Arquitectura da Universidade Técnica de Lisboa. Colaborou nos ateliers de João Luís Carrilho da Graça entre 1984 e 1988; Arquitectos, Lda. (Carlos Lemonde Macedo e Bernardo Daupiás Alves) em 1984 e 1989; atelier Daciano da Costa, entre 1988 e 2002. Tem projectos em associação com CVDB (Cristina Veríssimo e Diogo Burnay).

Born in Lisbon in 1965. Graduated in Architecture at the Faculty of Architecture of Universidade Técnica de Lisboa, in 1988. Awarded a Masters degree in the History of Art by the Faculty of Social and Human Sciences of Universidade Nova de Lisboa in 1995. Awarded a Doctorate in Architecture by the Faculty of Architecture of Universidade Técnica de Lisboa. Auxiliary Professor at the Faculty of Architecture of Universidade Técnica de Lisboa. Worked in the studios of João Luis Carrilho da Graça between 1984 and 1988, with Arquitectos Lda. (Carlos Lemonde Macedo and Bernardo Daupias Alves) in 1984 and 1989, and with Atelier Daciano da Costa between 1988 and 2002. Has co-authored designs with CVDB (Cristina Veríssimo and Diogo Burnay).

Salas de conferência de imprensa
Briefing Rooms

Editor | Editor
Carsten Land

Autores | Authors
Jaime Leitão
Manuel Graça Dias
Axel Sowa
Pedro Ravara

Desenhos | Drawings
Baixa, Atelier de Arquitectura, Lda.

Fotógrafos | Photographers
FG + SG – Fotografia de Arquitectura (ultimasreportagens.com)
Fotografia: Fernando Guerra / Produção Fotográfica: Sérgio Guerra
excepto de | except of
P. 8, 44: Thorsten Hümpel
P. 34: Museum für Kunst und Kulturgeschichte de Hansestadt Lübeck
P. 27, 45: Baixa, Atelier de Arquitectura, Lda.
P. 14, 18, 19, 29: Missão Presidência

Tradutores | Translators
Fernando de Almeida DE > PT (Axel Sowa)
Claudia Hall DE > EN (Carsten Land, Axel Sowa)
Marta Dabraio Silva DE > PT (Carsten Land)
Helen Valentine PT > EN